les zoom's

Exercices de Comptabilité de gestion

avec corrigés détaillés

2e édition

Éric MATON

est un ancien élève de l'ENS Cachan, agrégé d'économie et gestion, docteur en gestion de l'École Polytechnique et professeur assistant de contrôle de gestion à Audencia Nantes École de Management.

33 rue du Mail 75081 Paris cedex 02

ISBN 978 - 2 - 297 - 01905 - 7

ISSN 1288-8184

Éric Maton

Exercices de Comptabilité de gestion

avec corrigés détaillés

2e édition

Gualino
lextenso éditions

LA COLLECTION

les zoom's

traite de :

- **la comptabilité** : Comptabilité générale – Comptabilité de gestion – Comptabilité des sociétés
- **l'analyse financière**
- **la fiscalité**
- **le droit** : Introduction au droit – Droit des sociétés – Droit commercial et des affaires – Droit social – Institutions publiques françaises et européennes
- **l'économie**
- **le marketing**
- **les relations humaines**
- **l'économie générale**

Collection dirigée par Béatrice et Francis Grandguillot

Catalogue général adressé gratuitement
sur simple demande :

Gualino éditeur
Tél. 01 56 54 16 00
Fax : 01 56 54 16 49
e-mail : gualino@lextenso-editions.fr
Site : www.lextenso-editions.fr

Présentation

L'ensemble des connaissances *nécessaires à la compréhension de la comptabilité de gestion est développé dans le livre publié dans la même collection :*

Comptabilité de Gestion *(collection les Zoom's)*
sous la signature de Béatrice et Francis Grandguillot.

La mise en œuvre de ces connaissances *vous est facilitée par le présent ouvrage :*

Exercices de comptabilité de gestion avec corrigés détaillés
Les méthodes classiques des coûts complets et la méthode ABC
Les coûts partiels
Les coûts préétablis et le coût cible

51 exercices de comptabilité de gestion avec des corrigés détaillés vont vous permettre de vous ***entraîner*** *et de* ***pratiquer*** *cette discipline si utile pour optimiser les performances économiques de l'entreprise.*

La 2e édition de ce livre vous fera acquérir le ***savoir-faire*** *indispensable pour résoudre avec succès les exercices de comptabilité de gestion de vos devoirs et de vos examens ; il vous* ***donnera la maîtrise*** *de l'ensemble des principes, des règles et des calculs. Tout y est développé et méthodiquement expliqué à l'aide de corrigés détaillés.*

L'ensemble constitue le véritable ***outil de travail et d'entraînement*** *pour l'étudiant en comptabilité de gestion.*

Liste des abréviations utilisées

CA : Chiffre d'affaires
CAm : Chiffre d'affaires marginal (ou recette marginale)
CF : Coût fixe
CFu : Coût fixe unitaire
Cm : Coût marginal
CU : Coût unitaire (utilisé dans les tableaux avec montant unitaire et total)
CUMP : Coût unitaire moyen pondéré (méthode de valorisation de sorties de stock)
CV : Coût variable
CVu : Coût variable unitaire
CT : Coût total
D : Défavorable (utilisé pour les écarts)
F : Favorable (utilisé pour les écarts)
FIFO : First In First Out (PEPS en français : Premier Entrant - Premier Sortant)
LIFO : Last In First Out (DEPS en français : Dernier Entrant - Premier Sortant)
LO : Levier opérationnel
m : Taux de marge sur coût variable $\left(\frac{CA - CV}{CA} = \frac{P - CVu}{P}\right)$
MCV : Marge sur coût variable
MCVu : Marge sur coût variable unitaire
MOD : Main-d'œuvre directe
P : Prix
Q : Quantité
R : Résultat analytique
Rm : Résultat marginal
Ru : Résultat analytique unitaire
SR : Seuil de rentabilité (ou point mort)
UO : Unité d'œuvre (clé de répartition dans la méthode du coût complet selon les centres d'analyse).

Sommaire

Partie 2
Les coûts partiels

Partie 3
Les coûts préétablis et le coût cible

THÈME 1

Introduction à la comptabilité de gestion

EXERCICE 1 Quizz de 15 questions

Répondre aux questions suivantes :

1 – *La comptabilité de gestion est destinée quasi exclusivement aux acteurs internes d'une entreprise et est donc généralement considérée comme secrète :*

❒ a. vrai
❒ b. faux

2 – *Les écarts de coût se calculent toujours entre des coûts constatés (par exemple entre les données passées de septembre et d'octobre) :*

❒ a. vrai
❒ b. faux

3 – *Un investissement est un coût :*

❒ a. vrai
❒ b. faux

4 – *Un coût particulier peut être constitué de charges de personnel, de dépenses en matières premières et de dotations aux amortissements :*

- ❐ a. vrai
- ❐ b. faux

5 – *Le coût d'acquisition plus les coûts de production et de distribution permettent de connaître le coût d'un produit :*

- ❐ a. vrai
- ❐ b. faux

6 – *Un coût se calcule toujours par produit ou par service :*

- ❐ a. vrai
- ❐ b. faux

7 – *Afin d'évaluer la performance des entités d'une entreprise industrielle, il est pertinent de calculer le coût d'une usine ou d'un atelier et d'un réseau de distribution ou de vente :*

- ❐ a. vrai
- ❐ b. faux

8 – *Un coût standard est un coût historique :*

- ❐ a. vrai
- ❐ b. faux

9 – *Dans le cadre de la détermination d'un résultat prévisionnel, on a besoin de calculer des coûts préétablis :*

- ❐ a. vrai
- ❐ b. faux

10 – *Une entreprise a toujours intérêt à calculer le maximum de coûts possibles :*

- ❐ a. vrai
- ❐ b. faux

11 – *Il existe un modèle de comptabilité de gestion idéal pour l'ensemble des entreprises :*

❐ a. vrai

❐ b. faux

12 – *Pour prévoir le coût en fonction de l'évolution du chiffre d'affaires, la distinction fondamentale est entre les charges directes et les charges indirectes :*

❐ a. vrai

❐ b. faux

13 – *Un coût cible est un coût prévisionnel que peut se permettre une organisation en vue de respecter un certain prix et une certaine marge : coût cible = prix de vente – marge attendue :*

❐ a. vrai

❐ b. faux

14 – *Comme la comptabilité financière, la comptabilité de gestion doit tenir compte des contraintes réglementaires :*

❐ a. vrai

❐ b. faux

15 – *Un progiciel de gestion est un logiciel de gestion à destination des entreprises :*

❐ a. vrai

❐ b. faux

CORRIGÉ

1 – Bonne réponse : ❐ a

À la différence de la comptabilité financière, la comptabilité de gestion est généralement destinée aux seuls acteurs internes à l'entreprise. Elle doit permettre de prendre des décisions de gestion sur la base de données financières.

2 – Bonne réponse : ❐ b

Les écarts de coût se calculent généralement entre des coûts prévisionnels (ou préétablis) et des coûts constatés (ou réels) de manière à savoir, par exemple, si la performance attendue a été réalisée.

3 – Bonne réponse : ❐ b

Les coûts sont relatifs aux charges d'une période (l'année, le mois, la semaine, etc.). L'investissement n'est donc pas un coût. En revanche, la dotation aux amortissements d'un investissement pourra permettre d'évaluer le coût de celui-ci sur un an, un mois, etc.

4 – Bonne réponse : ❐ a

Typiquement le coût décrit est le coût d'acquisition (ou coût d'achat). Ce dernier ne prend ainsi pas seulement en compte le prix d'achat des matières premières ou consommations intermédiaires. Un coût comprend ainsi des charges de nature différente mais faisant référence à un même objet (activité, produit, centre de production, centre d'approvisionnement, etc.).

5 – Bonne réponse : ❐ b

Le coût de production comprend le coût d'acquisition. Ce sont l'ensemble des charges encourues pour produire un bien, depuis l'achat d'un bien jusqu'à la fin de sa transformation en un produit qui sera vendu. En revanche, le coût de distribution s'ajoute au coût de production. Le coût complet (ou de revient) d'un produit comprend ainsi un coût de production plus un coût de distribution.

6 – Bonne réponse : ❒ b

Le coût se calcule par rapport à un objet qu'on considère comme pertinent pour prendre une décision de gestion. Par exemple, on peut calculer le coût d'un magasin pour savoir s'il est pertinent de continuer à vendre soi-même un produit ou s'il est préférable de faire appel à un revendeur. Le produit ou le service est un objet de coût parmi d'autres.

7 – Bonne réponse : ❒ a

Un coût peut se calculer pour différents types d'entités d'une organisation et non seulement pour un produit ou un service.

8 – Bonne réponse : ❒ b

Un coût standard est un coût prévisionnel (ou préétabli) défini selon des normes plus ou moins scientifiques. Un coût historique est un coût passé et donc un coût constaté (ou réel). En revanche, les données passées pourront servir à prévoir un coût futur.

9 – Bonne réponse : ❒ a

À partir de la prévision d'un chiffre d'affaires (à savoir une quantité vendue multipliée par un prix) et des coûts préétablis (ou prévisionnels) relatifs à la quantité vendue, on peut faire une prévision de résultat et donc calculer un résultat prévisionnel.

10 – Bonne réponse : ❒ b

Le choix de calculer certains coûts est fonction du type de décision à prendre (par exemple, développer ou externaliser une activité, supprimer ou non un produit, etc.) mais aussi de la nature de l'activité (par exemple entreprise industrielle *versus* entreprise commerciale) et du mode de gestion (par exemple, gestion centralisée versus gestion décentralisée). Certains calculs de coûts ne sont ainsi pas pertinents pour certaines entreprises ou pour certaines décisions à prendre. On parle de contingence des systèmes de contrôle de gestion.

11 – Bonne réponse : ❒ b

Il n'existe pas de système de contrôle de gestion unique (« *one best way* ») pour l'ensemble des organisations. Il est contingent à l'environnement et au fonctionnement de l'organisation.

12 – Bonne réponse : ❒ b

La distinction essentielle est entre les coûts variables et les coûts fixes car les premiers évoluent en fonction de la quantité produite ou vendue tandis que les seconds n'évoluent que par paliers. Par exemple, pour une organisation, le coût lié à ses machines ne variera pas tant qu'on n'aura pas besoin d'en acheter de nouvelles. Si on doit acheter de nouvelles machines c'est parce qu'on aura atteint un nouveau palier de production et on devra considérer de nouveaux coûts : les dotations aux amortissements liés à ces nouvelles machines.

13 – Bonne réponse : ❒ a

On détermine un coût cible dès la conception d'un produit car il prend en compte l'ensemble des coûts relatifs à un produit et permet de savoir s'il est réaliste de lancer le produit sachant le coût autorisé au vu des contraintes sur le prix de vente et la marge attendue.

14 – Bonne réponse : ❒ b

La comptabilité de gestion n'a pas pour but premier la diffusion d'informations auprès de parties prenantes (actionnaires, banquiers, syndicats, etc.). Aussi à la différence de la comptabilité financière, elle n'est pas soumise à une réglementation. Ceci explique la préférence de la comptabilité de gestion pour des données économiquement justifiées (comme le coût d'opportunité ou un coût déduit de la valeur de marché d'un bien) plutôt que pour des données autorisées par la comptabilité générale.

15 – Bonne réponse : ❒ a

Le progiciel de gestion se distingue notamment des logiciels de gestion visant à la maîtrise d'un budget personnel ou au calcul de l'impôt sur le revenu selon les ressources de la personne physique concernée.

PARTIE 1

Les méthodes classiques des coûts complets et la méthode ABC

THÈME 2

Le traitement des charges : les charges directes et indirectes

EXERCICE 2 Méthode des centres d'analyse et méthode simplifiée de calcul du coût complet

Une entreprise industrielle a le programme de production et les coûts relatifs à la production suivants pour un mois passé qui est mars N :

Programme de production de mars N

P1	*P2*
1 000 unités	*2 000 unités*

Nomenclature pour le mois de mars N : quantités et coûts unitaires

	P1	*P1*	*Coût unitaire*
Matière 1re A	*2 kg*	*3 kg*	*10 €/kg*
Matière 1re B	*3 kg*	*2 kg*	*14 €/kg*
Heures de MOD 1re étape du processus de production	*0,125 h*	*0,25 h*	*22 €/h*
Heures de MOD 2e étape du processus de production	*0,12 h*	*0,125 h*	*25 €/h*

Les charges communes à la production des deux produits P1 et P2 pour le mois de mars N sont :

– Dotations aux amortissements des machines de production : 80 000 €

– Dotations aux amortissements de l'usine : 20 000 €

– Charges de personnel : 40 000 €

– Autres charges : 20 000 €

Jusqu'à présent les responsables de l'entreprise considéraient que le processus de production était faiblement automatisé et que la répartition des charges indirectes de production pouvait donc se faire selon la consommation d'heures de main-d'œuvre directe.

Au vu de l'évolution du processus de production, les dirigeants se demandent s'ils ne devraient pas allouer différemment les charges indirectes. En particulier, ils se demandent si deux centres d'analyse ne devraient pas être constitués. Un premier centre d'analyse, nommé Atelier 1, serait relatif à la 1re étape de production et comprendrait la moitié de la dotation aux amortissements de l'usine, trois quart des charges indirectes de personnel et la moitié des « autres charges ». Le deuxième centre d'analyse, nommé Atelier 2, serait relatif à la 2e et dernière étape de production et comprendrait l'ensemble des charges indirectes non encore incluses dans l'Atelier 1. L'unité d'œuvre (ou clé de répartition) envisagée pour l'Atelier 1 serait l'heure de MOD. L'unité d'œuvre (ou clé de répartition) envisagée pour l'Atelier 2 serait l'heure machine.

La motivation pour changer de système de calcul du coût complet provient de la volonté de vérifier chaque mois si les produits vendus départ usine assurent bien une marge de 5 % sur le prix de vente. Le prix unitaire du produit P1 est de 125 €. Le prix unitaire du produit P2 est de 130 €.

Arrondir à l'euro le plus proche les montants totaux calculés et laisser deux décimales pour les montants unitaires calculés.

- *Calculer le coût de production total et unitaire pour P1 et P2 avec la méthode actuelle (une clé de répartition pour l'ensemble des charges indirectes).*
  Utilisation des capacités de production des machines en mars N :
  200 heures machine pour le produit P1 et 300 heures machine pour le produit P2.
- *Calculer le coût de production total et unitaire pour P1 et P2 avec la méthode envisagée.*
- *Que pensez-vous de l'idée des responsables de l'entreprise de changer de système de calcul des coûts complets ?*

Corrigé

1 – Calcul du coût de production de P1 et P2 avec la méthode actuelle

	P1		P2		Total
	Coût unitaire	Coût total	Coût unitaire	Coût total	
Charges directes					
Matière 1re A	20,00 € (a)	20 000 € (b)	30,00 €	60 000 €	80 000 €
Matière 1re B	42,00 €	42 000 €	28,00 €	56 000 €	98 000 €
MOD	5,75 € (c)	5 750 € (d)	8,63 €	17 250 €	23 000 €
Total Charges directes	67,75 €	67 750 €	66,63 €	133 250 €	201 000 €
Charges indirectes	39,40 €	39 397 € (f)	60,30 €	120 603 €	160 000 € (e)
Coût de production	107,15 € (g)	107 147 €	126,93 €	253 853 €	361 000 €

(a) 2 kg x 10 €/kg

(b) 2 kg x 10 €/kg x 1 000 produits

(c) 0,125 h x 22 €/h + 0,12 h x 25 €/h

(d) (0,125 h x 22 €/h + 0,12 h x 25 €/h) x 1 000 produits

(e) Total charges indirectes : 80 000 € + 20 000 € + 40 000 € + 20 000 € = 160 000 €

(f) La clé de répartition des charges indirectes est le nombre (total) d'heures de MOD.

Pour le produit P1, durant le mois de mars N, on a utilisé :

(0,125 h + 0,12 h) x 1 000 produits = 245 heures

Pour le produit P2, durant le mois de mars N, on a utilisé :

(0,25 h + 0,125 h) x 2 000 produits = 750 heures

On a donc utilisé 995 heures durant le mois de mars N.

Le produit P1 a donc utilisé : 245 / 995 ≈ 25 % des heures de MOD tandis que le produit P2 en a utilisé environ 75 %.

Le produit P1 récupère donc environ 25 % des charges indirectes.

D'où charges indirectes pour 1 000 produits P1 :

$$\frac{245\text{ h}}{995\text{ h}} \times 160\,000\text{ €} \approx 39\,397\text{ €}$$

(g) 67,75 € + 39,40 €

2 – Calcul du coût de production de P1 et P2 avec la méthode envisagée

Le montant des charges directes ne change pas par rapport aux calculs précédents, seule l'allocation des 160 000 € de charges indirectes change.

	P1		P2		Total
	Coût unitaire	Coût total	Coût unitaire	Coût total	
Charges directes					
Matière 1re A	20,00 €	20 000 €	30,00 €	60 000 €	80 000 €
Matière 1re B	42,00 €	42 000 €	28,00 €	56 000 €	98 000 €
MOD	5,75 €	5 750 €	8,63 €	17 250 €	23 000 €
Total Charges directes	67,75 €	67 750 €	66,63 €	133 250 €	201 000 €
Charges indirectes					
Atelier 1	10,00 €	10 000 € (b)	20,00 €	40 000 €	50 000 € (a)
Atelier 2	44,00 €	44 000 € (d)	33,00 €	66 000 €	110 000 € (c)
Charges indirectes	54,00 €	54 000 €	53,00 €	106 000 €	160 000 €
Coût de production	121,75 €	121 750 €	119,63 €	239 250 €	361 000 €

(a) $\frac{20\,000}{2} + \frac{3}{4} \times 40\,000 + \frac{20\,000}{2}$

(b) L'unité d'œuvre (ou clé de répartition) pour l'atelier 1 est l'heure de MOD. Attention l'heure de MOD pertinente est l'heure de MOD relative à l'atelier 1 soit :

Heures de MOD au niveau de l'atelier 1 pour P1 : 0,125 h x 1 000 produits = 125 heures

Heures de MOD au niveau de l'atelier 1 pour P2 : 0,25 h x 2 000 produits = 500 heures

D'où P1 récupère :

$$\frac{125}{125 + 500} \times 50\,000\text{ €} = 20\text{ \%} \times 50\,000\text{ €} = 10\,000\text{ €}$$

(c) 160 000 € (total charges indirectes) – 50 000 € = 110 000 €

(d) L'unité d'œuvre (ou clé de répartition) pour l'atelier 1 est l'heure machine. Toutes les heures machines sont relatives à l'atelier 2 puisque l'intégralité des dotations aux amortissements des machines est imputée à l'atelier 2.

D'où P1 récupère :

$$\frac{200 \text{ heures}}{200 \text{ heures} + 300 \text{ heures}} \times 110\,000\ € = 40\ \% \times 110\,000\ € = 44\,000\ €$$

3 – Comparaison des deux méthodes de calcul des coûts complets

La pertinence d'une méthode par rapport à l'autre peut être évaluée en fonction de l'objectif fixé, car si une méthode est plus précise que l'autre elle demande en revanche plus de traitements à effectuer et est donc susceptible de causer plus de coûts dans sa mise en œuvre. En effet, dans la méthode envisagée, il va falloir une information supplémentaire par rapport à la méthode actuelle : connaître le nombre d'heures machine utilisées par produit. En revanche, les coûts sont normalement aisés à connaître par centre d'analyse puisque ces centres correspondent *a priori* à des lieux physiques dans l'organisation. Si le personnel ne passe pas d'un atelier à un autre, tous les coûts indirects sont directement affectés à un centre d'analyse (les coûts sont indirects par rapport aux produits P1 et P2 mais ils sont directs par rapport aux centres d'analyse Atelier 1 et Atelier 2).

L'objectif fixé est de vérifier si le taux de marge sur chiffre d'affaires de 5 % est réalisé. Si les deux méthodes donnent une évaluation du taux de marge très éloigné en-deçà ou au-delà de 5 %, on peut se demander pourquoi adopter la nouvelle méthode alors que la méthode actuelle suffit à donner la bonne information, à savoir est-ce qu'on a atteint les 5 %.

Vérification :

Tableau de calcul du taux de marge par produit avec la méthode actuelle

	P1		P2		Total
	Montant unitaire	**Montant total**	**Montant unitaire**	**Montant total**	
Coût de production	107,15 €	107 147 €	126,93 €	253 853 €	361 000 €
Chiffre d'affaires	125,00 €	125 000 €	130,00 €	260 000 €	385 000 €
Résultat	17,85 €	17 853 €	3,08 €	6 147 €	24 000 €
Taux de marge réalisé	14,28 %		2,37 %		6,23 %

Tableau de calcul du taux de marge par produit avec la méthode envisagée

	P1		P2		Total
	Montant unitaire	Montant total	Montant unitaire	Montant total	
Coût de production	121,75 €	121 750 €	119,63 €	239 250 €	361 000 €
Chiffre d'affaires	125,00 €	125 000 €	130,00 €	260 000 €	385 000 €
Résultat	3,25 €	3 250 €	10,38 €	20 750 €	24 000 €
Taux de marge réalisé	2,60 %		7,98 %		6,23 %

On remarque que le choix de la méthode a une influence cruciale pour le critère de décision relatif au seuil de 5 %. Il faut donc passer à la méthode de coût envisagé qui s'avère plus précise que la précédente et qui change le critère de décision, à savoir que c'est finalement le produit P1 qui n'atteint pas les 5 % et non le produit P2 (comme supposé avec la méthode actuelle).

Une telle différence entre les deux méthodes s'explique par le poids des charges indirectes dans le total des charges ($\frac{160\ 000}{160\ 000 + 201\ 000} \approx 44\ \%$) et par une répartition très différente des charges indirectes avec la méthode envisagée par rapport à la méthode actuelle. Dans la méthode actuelle, le produit P1 récupère environ 25 % des charges indirectes (voir question 1). Dans la méthode envisagée, le produit P1 récupèrerait : $\frac{54\ 000}{160\ 000} \approx 34\ \%$ des charges indirectes (voir question 2).

EXERCICE 3 Distinction centre principal – centre auxiliaire

Une petite entreprise de confection de vêtements a divisé son organisation en 8 centres d'analyse. Le centre Approvisionnement reçoit la matière première des différents fournisseurs. Le centre Création s'occupe de la conception de patrons papiers incluant toutes les parties d'un vêtement, de la création d'un prototype sur la base du patron papier puis de la numérisation de ce dernier si le prototype est validé. Le centre Découpe s'occupe des différentes découpes nécessaires selon les types de tissu utilisés pour chaque vêtement.

Les activités successives au sein de ce centre sont le placement (différents morceaux de tissu placés les uns à côté des autres), le matelassage (constitution d'un matelas de tissu selon l'ordre de fabrication décidé et le placement à respecter) et la découpe à proprement parler grâce à une table à découpe. Le centre Montage donne lieu aux différentes activités suivantes : piquage, assemblage, pose de biais, pose de liseré, pose de pressions et de boutons, réalisation d'ourlets, repassage en cours et final puis pliage et ensachage. Le centre Administration s'occupe de tout ce qui est gestion du personnel, des immobilisations et des factures ainsi que de la négociation ou renégociation des contrats avec les clients. Le centre Informatique s'occupe de tout le système informatique nécessaire à la production ou à l'administration de l'entreprise. Le centre Maintenance et Entretien est affecté aux tâches de nettoyage des machines et des lieux. Le centre Entreposage s'occupe de la mise des vêtements emballés dans un entrepôt et de la mise à disposition des vêtements pour les clients qui viennent directement chercher les vêtements à l'entrepôt.

■ *D'après cette description, quels sont les centres auxiliaires et les centres principaux ?*

Corrigé

Les centres auxiliaires sont des centres support ou transversaux, à savoir qu'ils fournissent des services à plusieurs entités dans le processus de transformation et de distribution d'un produit ou d'un service. Ici, les centres auxiliaires sont le centre Administration, le centre Informatique et le centre Maintenance et Entretien.

Au contraire, ***les centres principaux*** constituent les étapes dans le processus de transformation et de distribution d'un produit ou d'un service, d'où notamment la possibilité d'imputer directement leurs coûts au produit ou service pour faire apparaître un coût d'achat, un coût de production et un coût de revient des produits vendus. D'après la description faite des centres d'analyse, le centre Approvisionnement est en amont des autres centres principaux. Le centre Création intervient avant le centre Montage et le centre Découpe se situe en aval de ce dernier. Le centre Entreposage intervient en dernière étape, à la suite du centre Découpe. Ces cinq centres d'analyse successifs – Approvisionnement, Création, Montage, Découpe et Entreposage – représentent ainsi les centres principaux.

EXERCICE 4 Répartition des charges indirectes avec transfert en escalier

Une petite société fabrique et vend 3 produits A, B et C. Elle distingue 7 centres d'analyse en son sein :

– 3 centres auxiliaires (Logistique et Informatique, Administration et Entretien) ;

– 4 centres principaux (Achat, Atelier 1, Atelier 2 et Distribution).

Pour le mois d'avril N, il a été récupéré les données physiques et financières suivantes :

– Volume de production et de vente :

- *Produit A : 1 000 unités*
- *Produit B : 2 500 unités*
- *Produit C : 2 000 unités*

– Prix de vente :

- *Produit A : 36 €*
- *Produit B : 33 €*
- *Produit C : 30 €*

– Matières premières (prix au kg et quantités en kg) :

Matières premières	***M1***	***M2***	***M3***
Prix unitaire	*2 €*	*3 €*	*1,5 €*
Consommation unitaire A	*0,5*	*0,2*	*0,2*
Consommation unitaire B	*0,5*	*0,1*	*0,2*
Consommation unitaire C	*0,5*	*0,1*	*0,1*

– Heures machine utilisées en atelier 1 :

- *Produit A : 100 h*
- *Produit B : 125 h*
- *Produit C : 100 h*

– Temps de main-d'œuvre directe utilisé en atelier 2 :

- *Même durée pour chaque produit fabriqué*
- *Le personnel travaille 35 heures par semaine et il y a 4 semaines 1/3 durant le mois.*

– Main-d'œuvre directe (charges sociales comprises) :

- *Achat : 4 500 € (pour 2 personnes)*
- *Atelier 2 : 6 750 € (pour 3 personnes)*

– Main-d'œuvre indirecte (charges sociales comprises) :

- *Logistique et Informatique : 9 000 € (pour 4 personnes)*
- *Administration : 12 000 € (pour 4 personnes)*
- *Entretien : 4 000 € (pour 2 personnes)*
- *Achat : 4 500 € (pour 2 personnes)*
- *Atelier 1 : 5 000 € (pour 2 personnes)*
- *Atelier 2 : 11 250 € (pour 5 personnes)*
- *Vente : 11 000 € (pour 4 personnes)*

– Dotations aux amortissements :

- *Logistique et Informatique : 2 000 €*
- *Administration : 5 000 €*
- *Entretien : 500 €*
- *Achat : 2 500 €*
- *Atelier 1 : 12 500 €*
- *Atelier 2 : 4 000 €*
- *Vente : 6 000 €*

– Charges diverses :

- *Logistique et Informatique : 6 000 €*
- *Administration : 20 000 €*
- *Entretien : 1 000 €*
- *Achat : 5 000 €*
- *Atelier 1 : 10 000 €*
- *Atelier 2 : 10 000 €*
- *Vente : 8 000 €*

La clé de répartition (secondaire) pour les charges du centre Logistique et Informatique est :

– Administration : 20 %
– Entretien : 0 %
– Achat : 10 %
– Atelier 1 : 20 %
– Atelier 2 : 20 %
– Vente : 30 %

La clé de répartition (secondaire) pour les charges du centre Administration est le nombre d'employés (à l'exclusion du centre Logistique).

La clé de répartition (secondaire) pour les charges du centre Entretien est le montant des dotations aux amortissements (à l'exclusion de celles des centres Logistique et Administration).

Les unités d'œuvre sont :

– le kg de matières premières achetées pour le centre « Achat » ;

– le nombre d'heures machine pour le centre « Atelier 1 » ;

– le nombre d'heures de main-d'œuvre directe pour le centre « Atelier 2 » ;

– le chiffre d'affaires pour le centre « Vente ».

■ *Faire le tableau de répartition des charges indirectes du mois d'avril N, en mettant en évidence la répartition primaire, secondaire et le coût de l'unité d'œuvre.*

Arrondir le total de la répartition secondaire à l'euro et le coût de l'unité d'œuvre à deux chiffres après la virgule. Le taux de frais sera exprimé en pourcentage.

CORRIGÉ

Étapes de conception du tableau de répartition des charges indirectes

Première étape : répartition primaire

Voir page suivante la première partie du tableau de répartition des charges indirectes avec la détermination des charges indirectes par centre d'analyse (principal ou auxiliaire).

La consommation de matières premières et la main-d'œuvre directe, comme son nom l'indique, sont des charges directes et ne sont donc pas dans le tableau de répartition des charges indirectes. Elles pourront être directement imputées aux produits sans passer par la définition d'une clé de répartition.

Pour les dotations aux amortissements et les charges diverses, nous n'avons pas d'information pour savoir si certaines sont directes ; donc, par défaut, l'ensemble de ces charges sont indirectes.

Deuxième étape : répartition secondaire

On a un transfert en escalier entre les centres auxiliaires : il y a un sens unique dans l'affectation des charges entre centres auxiliaires, allant de la Logistique, vers l'Administration puis l'Entretien (voir résultat dans le tableau de répartition des charges indirectes).

Nombre d'employés hors administration et logistique :

$$2 + 3 + 2 + 2 + 2 + 5 + 4 = 20 \text{ personnes}$$

Quote-part des charges administratives indirectes affectée aux centres d'analyse :

- Entretien : 2 / 20 = 10 %
- Achat : (2 + 2) / 20 = 20 %
- Atelier 1 : 2 / 20 = 10 %
- Atelier 2 : (3 + 5) / 20 = 40 %
- Vente : 4 / 20 = 20 %

On peut vérifier que 100 % des charges administratives sont ainsi affectées aux autres centres à l'exclusion du centre Logistique.

Sur le même principe, on définit la quote-part des charges d'entretien indirectes affectée aux centres d'analyse :

- Achat : 2 500 / (2 500 + 12 500 + 4 000 + 6 000) = 2 500 / 25 000 = 10 %
- Atelier 1 : 12 500 / 25 000 = 50 %
- Atelier 2 : 4 000 / 25 000 = 16 %
- Vente : 6 000 / 25 000 = 24 %

On peut vérifier que 100 % des charges d'entretien sont ainsi affectées aux centres principaux.

Troisième étape : détermination du nombre d'unités d'œuvre

Quantité de matières premières :

1 000 x (0,5 + 0,2 + 0,2) + 2 500 x (0,5 + 0,1 + 0,2) + 2 000 x (0,5 + 0,1 + 0,1) = 4 300 kg

Nombre d'heures machine : 100 + 125 + 100 = 325 heures

Nombre d'heures de main-d'œuvre directe en atelier 2 : 3 x 35 x (4 + 1/3) = 455 heures

Chiffre d'affaires : 36 x 1 000 + 33 x 2 500 + 30 x 2 000 = 178 500 €

Tableau de répartition des charges indirectes

	Centres auxiliaires			Centres principaux				
	Logistique et Informatique	Administration	Entretien	Achat	Atelier 1	Atelier 2	Vente	Total
Répartition primaire								
• Main-d'œuvre indirecte	9 000	12 000	4 000	4 500	5 000	11 250	11 000	56 750
• Dotations aux amortissements	2 000	5 000	500	2 500	12 500	4 000	6 000	32 500
• Charges diverses	6 000	20 000	1 000	5 000	10 000	10 000	8 000	60 000
Totaux primaires	17 000	37 000	5 500	12 000	27 500	25 250	25 000	149 250
Répartition secondaire								
• Répartition Logistique	– 17 000	3 400	0	1 700	3 400	3 400	5 100	0
• Répartition Administration		– 40 400 (a)	4 040	8 080	4 040	16 160	8 080	0
• Répartition Entretien			– 9 540	954	4 770	1 526,40	2 289,60	0
Totaux secondaires	0	0	0	22 734	39 710	46 336,40	40 470,60	149 250
Nature de l'unité d'œuvre				Kg de matières premières	Heures machine	Heures de MOD	Chiffre d'affaires	
Nombre d'unités d'œuvre				4 300	325	455	178 500	
Coût de l'unité d'œuvre				5,29 €/kg (b)	122,18 €/h machine	101,84 €/h MOD	22,67 % (c)	

(a) – (37 000 + 3 400) de façon à répartir l'ensemble des charges indirectes affectées au centre Administration.

(b) $\frac{22\ 734}{4\ 300}$.

(c) Taux de frais : montant en euros divisé par un montant en euros
Pour un euro de chiffre d'affaires, on a 23 centimes de charges indirectes de vente. Pour un montant X de chiffre d'affaires, on a 22,67 % de X de charges indirectes de vente.

EXERCICE 5 Répartition des charges indirectes avec prestations réciproques

Reprendre les données de l'exercice précédent.

La seule modification par rapport à l'énoncé de l'exercice précédent concerne la clé de répartition (secondaire) du centre Administration : la clé de répartition (secondaire) pour les charges du centre Administration est le nombre d'employés (sans exclure le centre Logistique).

- *Faire le tableau de répartition des charges indirectes du mois d'avril N, en mettant en évidence la répartition primaire, secondaire et le coût de l'unité d'œuvre.*

  Arrondir le total de la répartition secondaire à l'euro et le coût de l'unité d'œuvre à deux chiffres après la virgule. Le taux de frais sera exprimé en pourcentage.

CORRIGÉ

Étapes de conception du tableau de répartition des charges indirectes

Il n'y a que la deuxième étape qui est modifiée par rapport à la solution de l'exercice précédent.

Première étape : répartition primaire

Identique à l'exercice précédent.

Deuxième étape : répartition secondaire

On a des prestations réciproques entre deux centres auxiliaires, à savoir entre le centre Logistique et le centre Administration.

Nombre d'employés hors Administration :

2 + 3 + 4 + 2 + 2 + 2 + 5 + 4 = 24 personnes

Il faut recalculer la quote-part des charges administratives indirectes affectée aux autres centres d'analyse :

- Logistique et Informatique : 4 / 24 ≈ 17 %
- Entretien : 2 / 24 ≈ 8 %
- Achat : (2 + 2) / 24 ≈ 17 %
- Atelier 1 : 2 / 24 ≈ 8 %
- Atelier 2 : (3 + 5) / 24 ≈ 33 %
- Vente : 4 / 24 ≈ 17 %

On peut vérifier que 100 % des charges administratives sont ainsi affectées aux autres centres.

On a ainsi une première équation relative aux charges de Logistique :

X = 17 000 + 17 % x Y

Avec X : montant des charges indirectes de Logistique avec charges administratives incluses

Y : montant des charges indirectes d'Administration avec charges de logistique incluses.

De même, la deuxième équation relative aux charges d'administration :

Y = 37 000 + 20 % x X

En résolvant ce système à 2 équations et 2 inconnues, on trouve :

X ≈ 24 110 € et Y = 41 822 €

Tableau de répartition des charges indirectes

	Centres auxiliaires			Centres principaux				
	Logistique et Informatique	Administration	Entretien	Achat	Atelier 1	Atelier 2	Vente	Total
Répartition primaire								
• Main-d'œuvre indirecte	9 000	12 000	4 000	4 500	5 000	11 250	11 000	56 750
• Dotations aux amortissements	2 000	5 000	500	2 500	12 500	4 000	6 000	32 500
• Charges diverses	6 000	20 000	1 000	5 000	10 000	10 000	8 000	60 000
Totaux primaires	17 000	37 000	5 500	12 000	27 500	25 250	25 000	149 250
Répartition secondaire								
• Répartition Logistique	– 24 110 (a)	– 4 822 (b)	0	2 411,00	4 822,00	4 822,00	7 233,00	0
• Répartition Administration	7 110	– 41 822	3 346	7 109,74	3 345,76	13 801,26	7 109,74	0
• Répartition Entretien			– 8 846	884,58	4 422,88	1 415,32	2 122,98	0
Totaux secondaires	0	0	0	22 405	40 091	45 288	41 466	149 250
Nature de l'unité d'œuvre				Kg de matières premières	Heures machine	Heures de MOD	Chiffre d'affaires	
Nombre d'unités d'œuvre				4 300	325	455	178 500	
Coût de l'unité d'œuvre				5,21 €/kg (c)	123,36 €/h machine	99,54 €/h MOD	23,23 % (c)	

(a) La valeur X définie précédemment prend en compte le montant que va recevoir la Logistique de l'Administration (17 000 + 7 110).
(b) 24 110 x 20 % (20 % : part des charges indirectes du centre Logistique dues à la partie Administration).
(c) $\frac{22\,405}{4\,300}$

Les coûts d'achat, les coûts de production et les en-cours

EXERCICE 6 Prix d'achat et coût d'achat

La petite société bretonne, Jardi, produit des tables et des chaises de jardin. Pour cela, elle achète du verre, de l'aluminium et du bois qu'elle transforme. Durant le mois de mars N, le coût d'achat a été de 48 461,54 € pour 1 000 m² de verre, 2 553,85 € pour 400 kg d'aluminium et 5 684,61 € pour 1 tonne de bois. Un m² de verre pèse 2,5 kg.

Le verre est acheminé au moyen de camions par Jardi tandis que le bois et l'aluminium sont directement livrés à la société.

Toutes les matières premières sont entreposées dans un grand entrepôt à côté de l'usine.

La dotation aux amortissements par mois pour le camion plus le coût mensuel du conducteur représente un montant de 5 000 €.

Le personnel qui met les matières premières dans l'entrepôt coûte mensuellement 21 000 €. L'entrepôt est amorti pour un montant mensuel de 2 000 €.

Le verre et l'aluminium occupent la moitié de l'entrepôt tandis que le bois occupe le reste de l'entrepôt.

Le responsable production et approvisionnement considère que les heures de main-d'œuvre utilisées dans l'entrepôt sont liées aux quantités de matière première achetées.

- *Déduire des coûts précédents le prix d'achat hors taxe durant le mois de mars d'un m² de verre, d'un kg d'aluminium et d'un kg de bois.*

  Le stock initial de verre est de 200 m² et représente un montant de 9 000 €, celui d'aluminium est de 600 kg pour un montant de 4 800 € et celui de bois est de 300 kg pour un montant de 1 950 €.

La production de tables et de chaises en mars N a nécessité 800 m² de verre, 600 kg d'aluminium et 1,1 tonne de bois.

La méthode de valorisation des stocks est la méthode PEPS (premier entré, premier sorti) ou FIFO (first in, first out).

- *Quel est le coût d'achat d'un m² de verre consommé, d'un kg d'aluminium consommé et d'un kg de bois consommé durant le mois de mars N ?*
- *Quel aurait le coût d'achat d'un m² de verre consommé avec la méthode CUMP (coût unitaire moyen pondéré) et la méthode LIFO ?*

CORRIGÉ

1 – Déduction du prix d'achat à partir du coût d'achat et des coûts d'approvisionnement

Dans cette question, il s'agit de retrouver le prix d'achat sachant qu'on connaît le coût d'achat. Il s'agit ainsi de faire le rapprochement à partir des charges directes et indirectes d'approvisionnement :

> Coût d'achat de chaque produit acheté
> =
> + charges directes d'approvisionnement liées à ce produit
> (dont prix d'achat du produit acheté)
> + charges indirectes d'approvisionnement affectées à ce produit

Les charges indirectes au vu des informations fournies sont les charges du personnel travaillant à l'entrepôt.

Les dotations aux amortissements de l'entrepôt ne concernent pas le coût d'achat car ils sont des frais de stockage.

La dotation des camions et la charge liée aux conducteurs sont des charges directes car elles ne sont liées qu'à un seul produit : le transport du verre.

Tableau des charges directes et indirectes d'approvisionnement

	Verre	Aluminium	Bois
Quantité achetée	1 000 m² (2 500 kg)	400 kg	1 000 kg
Prix	X	Y	Z
Montant des achats	1 000 x X	400 x Y	1 000 x Z
Coûts de transport	5 000		
Total Charges directes	5 000 + 1 000 x X	400 x Y	1 000 x Z
Charges indirectes (charges du personnel entrepôt)	13 461,54 (a)	2 153,85	5 384,61
Coût d'achat de la matière achetée	18 461,54 + 1 000 x X = 48 461,54	2 153,85 + 400 x Y = 2 553,85	5 384,61 + 1 000 x Z = 5 684,61

(a) Il faut trouver une unité commune aux trois produits – verre, aluminium et bois – afin de répartir les charges du personnel de l'entrepôt en fonction des quantités achetées. Toutes les quantités sont considérées en kg. Les achats de la période représentent 2 500 + 400 + 1 000 = 3 900 kg d'où la valeur pour les charges indirectes relatives au verre : 21 000 x 2 500/3 900.

À partir du tableau, on déduit le prix d'achat unitaire (hors taxes) :

$$X = \frac{48\,461{,}54 - 18\,461{,}54}{1\,000} = 30 \text{ €/m}^2 \text{ de verre}$$

$$Y = \frac{2\,553{,}85 - 2\,153{,}85}{400} = 1 \text{ €/kg d'aluminium}$$

$$Z = \frac{5\,684{,}61 - 5\,384{,}61}{1\,000} = 0{,}3 \text{ €/kg de bois}$$

2 – Calcul du coût d'achat unitaire des matières consommées

Il ne faut pas oublier que le stock de produits achetés est valorisé au coût d'achat donc les montants relatifs au stock initial évoqués dans l'énoncé correspondent à des coûts d'achat et non à des prix d'achat. À partir des comptes de stock et de la méthode de valorisation des stocks – ici : PEPS – on peut directement calculer le coût d'achat des produits sortants et celui du stock final.

Stock de verre			
	Quantité	Coût unitaire	Montant
Stock initial	200	45,00	9 000,00
Coût d'achat de la matière achetée	1 000	48,46	48 461,54
Coût d'achat de la matière consommée	800	47,60 (b)	38 076,92 (a)
Stock final	400	48,46	19 384,62

Stock d'aluminium			
	Quantité	Coût unitaire	Montant
Stock initial	600	8,00	4 800,00
Coût d'achat de la matière achetée	400	6,38	2 553,85
Coût d'achat de la matière consommée	600	8,00	4 800,00
Stock final	400	6,38	2 553,85

Stock de bois			
	Quantité	Coût unitaire	Montant
Stock initial	300	6,50	1 950,00
Coût d'achat de la matière achetée	1 000	5,68	5 684,62
Coût d'achat de la matière consommée	1 100	5,91	6 497,69
Stock final	200	5,68	1 136,92

(a) On applique la méthode PEPS donc on commence par prendre les 200 m^2 présents dans le stock initial. Pour les 600 autres m^2 nécessaires à la production, on les prend dans l'approvisionnement de mars N d'où : 9 000 + [(48 461,54/1 000) x 60] = 38 076,92 €.

(b) Le coût unitaire se déduit après avoir le montant total : 38 076,92/800.

Durant le mois de mars N, le coût d'achat d'un m^2 de verre consommé est de 47,60 €, d'un kg d'aluminium consommé de 8 € et d'un kg de bois consommé de 5,91 €.

3 – Calcul du coût d'achat unitaire du verre avec la méthode CUMP et LIFO

Méthode du coût unitaire moyen pondéré (CUMP)

Stock de verre			
	Quantité	Coût unitaire	Montant
Stock initial Coût d'achat de la matière achetée (flux entrant)	200 1 000	45,00 48,46	9 000,00 48 461,54
Stock disponible	1 200	47,88 (a)	57 461,54
Coût d'achat de la matière consommée (flux sortant) Stock final	800 400	47,88 (a) 47,88 (a)	38 307,69 19 153,85

(a) Dans cette méthode on a une valeur unique pour le coût unitaire du flux sortant et du stock final. Cette valeur se calcule à partir du montant total du stock disponible et de la quantité disponible : $\frac{57\,461{,}54}{1\,200}$.

Par ailleurs, on peut vérifier que le flux sortant plus le stock final est bien égal à la valeur du stock disponible (38 307,69 + 19 153,85 = 57 461,54 €). On pourra faire cela pour chaque méthode.

Méthode du dernier entré, premier sorti (DEPS OU LIFO en anglais)

Stock de verre			
	Quantité	Coût unitaire	Montant
Stock initial Coût d'achat de la matière achetée (flux entrant) Coût d'achat de la matière consommée (flux sortant) 1er stock restant 2e stock restant	200 1 000 800 200 200	45,00 48,46 48,46 45,00 48,46	9 000,00 48 461,54 38 769,23 9 000,00 9 692,31
Stock final	400	46,73 (a)	18 692,31

(a) Le coût unitaire se déduit du montant total et de la quantité : $\frac{18\,692{,}31}{400}$.

On remarque que la méthode CUMP fait toujours apparaître la valeur intermédiaire entre les deux autres méthodes (FIFO et LIFO) pour le coût d'achat de la matière consommée et le stock final en valeur.

EXERCICE 7 Coût de production

« SenteurFrais » est une société qui produit des savons dits de Marseille. Les matières premières achetées et stockées sont de l'huile d'olive et de la soude. L'entreprise est scindée en 5 centres. Le premier centre Approvisionnement est relatif à l'achat et au stockage des matières premières. Dans le deuxième Empatage, il s'agit du mélange de l'huile avec de la soude et de la cuisson de la pâte obtenue. 2 % de la matière première utilisée dans ce centre est perdue.

Dans un troisième centre Liquidation, il s'agit du lavage de la pâte, de l'ajout d'eau et du refroidissement de la pâte chauffée.

Dans un quatrième centre Découpage, il s'agit du découpage, du séchage, du moulage et de la mise des savons dans des caisses en carton contenant 100 savons identiques chacun afin de pouvoir être livrés. 2 % de la matière utilisée dans ce centre est perdue.

Enfin dans un cinquième centre Distribution, il s'agit de livrer les caisses de savons aux différents magasins vendant le produit de l'entreprise.

Deux types de savons sont produits par SenteurFrais. Ils se différencient par le poids et la forme. Le savon rectangulaire pèse 500 grammes et le savon ovale pèse 400 grammes. Le premier est vendu 2,2 € et le second 1,76 €.

Pour produire 100 kilogrammes de savon, il faut 72 litres d'huile d'olive et 12 kilogrammes de soude. Le reste provient de l'eau ajoutée. Un litre d'huile d'olive pèse 900 grammes.

Données relatives au mois précédent :

Il a été produit durant la période 110 000 savons.

Il a été acheté durant la période 35 000 litres d'huile, 5 800 kg de soude et 1 050 caisses en carton pour un montant respectif de 157 500 €, 20 300 € et 210 €.

Le stock initial d'huile est de 1 000 litres à une valeur de 4 500 €. Le stock final est de 720 litres.

Le stock initial de soude est de 200 kilogrammes à une valeur de 700 €. Le stock final est de 120 kilogrammes.

Le stock initial de caisses en carton est de 100 et a une valeur de 25 €. Le stock final de caisses en carton est de 50.

Les coûts après répartition secondaire par centre d'analyse sont :

– centre Approvisionnement :	*5 000 €*
– centre Empatage :	*5 000 €*
– centre Liquidation :	*10 000 €*
– centre Découpage :	*10 000 €*
– centre Distribution :	*5 000 €*

L'unité d'œuvre est :

– pour le centre Approvisionnement :	*le montant d'achat de matières premières*
– pour le centre Empatage :	*la quantité de matières premières consommée*
– pour le centre Liquidation :	*la quantité de matières premières consommée*
– pour le centre Découpage :	*le nombre de savons fabriqués*
– pour le centre Distribution :	*le nombre de caisses de savons vendues*

La méthode de valorisation des stocks est la méthode du coût unitaire moyen pondéré (CUMP).

- *Calculer le coût de production d'un savon rectangulaire et d'un savon ovale durant le mois précédent.*

  Arrondir le coût de l'unité d'œuvre à deux chiffres après la virgule, de même pour le taux de frais en sachant qu'il est exprimé en pourcentage et pour le coût unitaire moyen pondéré dans les comptes de stock.

- *Au vu du coût de production de chaque catégorie de savon, est-ce que la différence de prix de vente est justifiée ?*

- *Une erreur dans le choix d'une unité d'œuvre a-t-elle un impact important sur le coût de production des produits fabriqués durant la période ?*

- *Quelles informations sont nécessaires pour connaître le coût total de production des différents savons vendus ?*

CORRIGÉ

1 – Calcul du coût de production unitaire pour les deux catégories de savon

Les différentes étapes du calcul sont :

1) Détermination du tableau de répartition des charges indirectes de production ;
2) Détermination du coût d'achat des matières premières achetées et des matières premières consommées durant la période (définition du compte de stock par matière première) ;
3) Détermination du coût de production selon les étapes du processus de fabrication des savons.

1) Tableau de répartition des charges indirectes de production

	Approvisionnement	Empatage	Liquidation	Découpage
Répartition secondaire	5 000	5 000	10 000	10 000
Nature de l'UO	Montant d'achat de matières premières	quantité de matières premières consommée	quantité de matières premières consommée	nombre de savons fabriqués
Nombre d'UO	178 010 (a)	37 632 (b)	36 879,36 (c)	110 000
Coût de l'UO	2,81 % (d)	0,13 €/kg	0,27 €/kg	0,09 €/savon

(a) 157 500 + 20 300 + 210.
(b) On calcule la quantité de matières premières, huile et soude, utilisées pour l'empatage donc avant déperdition de 2 %. Les caisses en carton n'interviennent qu'au niveau du découpage pour emballer les savons découpés.
Il faut déterminer la quantité consommée à partir de la quantité achetée et de la variation de stock.
Pour l'huile, on a une quantité utilisée de : 1 000 + 35 000 – 720 = 35 280 litres.
Pour la soude, on a une quantité utilisée de : 200 + 5 800 – 120 = 5 880 kg.
Par ailleurs, il faut trouver une unité commune aux deux matières premières. Au vu des informations disponibles, on peut transformer les litres d'huile en kg d'où une quantité totale de : 35 280 x 0,9 + 5 880 = 37 632 kg.
(c) On reprend les quantités précédentes en tenant compte de la déperdition de 2 % car on s'intéresse à la quantité de matières premières qui entre dans le centre Liquidation. Attention à toujours considérer l'unité d'œuvre qui est pertinente par rapport au centre d'analyse concerné. On obtient donc :
37 632 x (1 – 2 %) = 36 879,36 kg.
(d) Taux de frais : montant financier divisé par un montant financier (5 000 € / 178 010 €).

2) Comptes de stock des matières premières

On utilise la méthode CUMP donc il faut passer par le stock disponible pour déterminer ce Coût Unitaire Moyen Pondéré (pour l'huile : 166 424 / 36 000 ≈ 4,62 €).

Compte de stock Huile

	Quantité (en litres)	Coût unitaire (en €)	Montant (en €)
Achats	35 000	4,50	157 500
Approvisionnement	157 500	2,81 %	4 424
Coût d'achat de la période	35 000	4,63	161 924
Stock initial	1 000	4,50	4 500
Stock disponible	36 000	4,62	166 424
Coût d'achat des produits consommés	35 280	4,62	162 994
Stock final	720	4,62	3 326

Compte de stock Soude

	Quantité (en kg)	Coût unitaire (en €)	Montant (en €)
Achats	5 800	3,50	20 300
Approvisionnement	20 300	2,81 %	570
Coût d'achat de la période	5 800	3,60	20 870
Stock initial	200	3,50	700
Stock disponible	6 000	3,60	21 570
Coût d'achat des produits consommés	5 880	3,60	21 168
Stock final	120	3,60	432

Compte de stock Caisses en carton

	Quantité (en unités)	Coût unitaire (en €)	Montant (en €)
Achats	1 050	0,2	210,00
Approvisionnement	210	2,81 %	5,90
Coût d'achat de la période	1 050	0,21	215,90
Stock initial	100	0,25	25,00
Stock disponible	1 150	0,21	240,90
Coût d'achat des produits consommés	1 100	0,21	231,00
Stock final	50	0,21	10,5

Remarque : en raison de l'utilisation d'un arrondi pour la valeur du CUMP, on ne retrouve pas la valeur du stock disponible lorsqu'on additionne le coût d'achat des produits consommés et le stock final en valeur.

3) Coût de production selon les étapes du processus de fabrication des savons

À ce niveau, il faut retrouver une information manquante : la quantité de savons rectangulaires et de savons ovales qui a été produite durant le mois précédent.

Pour retrouver la répartition de la production on peut repartir de façon équivalente de chacune des trois matières premières.

Exemple huile :

On a une consommation durant le mois de 35 280 litres, or il faut 72 litres pour 100 kg de savon. Soit Qa la quantité de savons rectangulaires donc :

$$35\,280 = \frac{72}{100} \times \left[\frac{500}{1\,000} \times Qa + \frac{400}{1\,000} \times (110\,000 - Qa)\right]$$

D'où : $0{,}72 \times (0{,}5 - 0{,}4) \times Qa = 35\,280 - 110\,000 \times 0{,}72 \times 0{,}4$

À savoir : $Qa = \dfrac{35\,280 - 31\,680}{0{,}072} = 50\,000$ savons

On a donc 50 000 savons rectangulaires et 60 000 savons ovales produits durant la période.

Voir page suivante pour le tableau relatif au coût de production de la période

Le coût de production pour un savon rectangulaire est donc de 2,12 € tandis qu'il est de 1,72 € pour un savon ovale.

2 – Recherche de l'explication à la différence de prix

On a un prix de 1,76 € pour 400 grammes de savon et 2,2 € pour 500 grammes de savon. Il existe une stricte proportionnalité entre le prix et le poids du savon. On peut se demander si au niveau des coûts de production tous les coûts varient en fonction de la quantité de savon en kilogrammes.

Le choix de l'unité d'œuvre pour les différents centres d'analyse fait que les coûts indirects sont répartis en fonction de la quantité de matière consommée à l'exception des charges indirectes de découpage. Les coûts directs, qui sont relatifs à la seule consommation de matières premières dans cet exercice, sont aussi proportionnels à la quantité de savon en kilogrammes.

Au final, seules les 9 900 € de charges indirectes de découpage (et non 10 000 € si on considère l'arrondi sur le coût de l'UO) sur un montant total de 209 142,19 € (voir tableau de la page suivante) sont affectées sur une base légèrement différente que la quantité de kilogrammes de savon produits, soit environ 4,7 % des coûts. La différence de prix reflète donc bien la différence de coût de production unitaire.

Par ailleurs, on peut faire la remarque qu'une fois retiré le coût de production unitaire au prix, il reste une très faible marge pour payer les coûts de distribution. Si les savons rectangulaires et ovales produits durant la période sont ceux vendus durant la même période ils sont très certainement non rentables durant le mois étudié.

Tableau de calcul du coût de production de la période (relatif à la question 1)

	Savon rectangulaire			Savon ovale			Total
	Quantité	Coût unitaire	Montant	Quantité	Coût unitaire	Montant	
Coût d'achat de l'huile	18 000	4,62	83 160,00	17 280	4,62	79 833,60	162 993,60
Coût d'achat de la soude	3 000	3,60	10 800,00	2 880	3,60	10 368,00	21 168,00
Charges indirectes d'empatage	19 200 (a)	0,13	2 496,00 (b)	18 432	0,13	2 396,16	4 892,16
Charges indirectes de liquidation	18 816 (c)	0,27	5 080,32	18 063,36	0,27	4 877,11	9 957,43
Coût d'achat des caisses en carton	500 (d)	0,21	105,00	600	0,21	126,00	231,00
Charges indirectes de découpage	50 000	0,09	4 500,00	60 000	0,09	5 400,00	9 900,00
Coût de production de la période	50 000	2,12	106 141,32	60 000	1,72	103 000,87	209 142,19

(a) L'unité d'œuvre est le kg de matières premières : 18 000 x 0,9 + 3 000 = 19 200 kg.
(b) Nombre d'UO x Coût de l'UO : 19 200 x 0,13.
(c) L'unité d'œuvre est le kg de matières premières après déperdition de 2 % : 19 200 x 0,98 = 18 816 kg.
(d) Une caisse en carton contient 100 savons ; il faut donc 500 cartons pour 50 000 savons.

3 – Analyse de la conséquence d'une erreur sur le choix d'une unité d'œuvre

Les coûts indirects représentent moins de 15 % du total des charges (moins de 30 000 € divisé par 209 142,19 €). Aucun centre d'analyse n'a ses coûts qui représentent plus de 5 % du total des charges (10 000 / 209 142,19). Au pire, une surestimation de 10 % du coût indirect d'un centre affecté à un des deux savons, en raison d'une mauvaise unité d'œuvre, va entraîner une surestimation du coût total de production du savon de 10 % x 5 % = 0,5 %. De même, le coût total de l'autre savon sera sous-estimé de 0,5 %.

En raison du faible poids des charges indirectes dans le total des charges et en particulier des charges indirectes de chaque centre d'analyse, une erreur sur le choix d'une unité d'œuvre aura de faibles conséquences dans l'évaluation du coût de production de chacun des savons.

4 – Informations nécessaires pour connaître le coût total de production des différents savons vendus

Afin de pouvoir passer du coût de la production de la période au coût de production des produits vendus il faut connaître la quantité vendue et la valeur et quantité du stock initial de produits finis.

THÈME 4

Les produits dérivés

Exercice 8 Sous-produits et déchets

L'entreprise Métal+ est une société qui traite une matière première M pour en extraire une matière « pure » A et une matière « impure » B. Pour obtenir la matière A, la matière première M passe par deux ateliers 1 et 2. En fin d'atelier 1, la matière obtenue est de la matière « impure » dont une partie, le produit B, est vendue. Au même stade de production, apparaît un sous-produit C. La matière C fait l'objet d'une transformation dans un atelier 3.

Durant le mois de décembre N, les charges dans l'atelier 1 ont été d'un montant de 300 000 €, celles de l'atelier 2 de 80 000 € et l'atelier 3 de 60 000 €. Une quantité de 100 tonnes de matière M a été achetée durant ce même mois à un prix de 20 €/kg.

Le taux de marge sur coûts commerciaux[1] (ou taux de marge commerciale) pour le sous-produit C est considéré être de 80 %. Le bénéfice est évalué à 10 % du chiffre d'affaires pour le sous-produit.

Il a été produit durant le moins de décembre N 50 000 kg de matière A, 25 000 kg de matière B et 20 000 kg de matière C.

La quantité de matière M consommée ne se retrouvant pas dans les produits A, B et C est considérée comme des déchets qu'on rattache au produit A. Ces déchets doivent être acheminés vers une autre entreprise qui s'occupe du traitement de ce type de déchets. Cela coûte à l'entreprise Métal+ 0,5 € par kilogramme de déchets.

Durant le mois de décembre N, le stock initial et final de chaque matière M, A, B et C est nul.

1. Taux de marge sur coût X = $\frac{CA - X}{CA}$ avec CA : chiffre d'affaires.

Le taux de marge sur charges commerciales pour le produit A est de 75 % et pour le B de 80 %.

Le prix de vente du produit A est 42 €/kg, du produit B 28 €/kg et du produit C 15 €/kg.

Le coût conjoint du produit C est affecté aux produits A et B en fonction des quantités produites de ces deux derniers biens.

- *Quel est le coût conjoint du sous-produit C ?*
- *Sachant que les charges communes aux produits A et B sont affectées en fonction des kilogrammes de matière première M utilisés, quel est le coût de production net des produits A et B ?*
- *Quels seraient les coûts de production nets des produits A et B si finalement la répartition des charges communes se faisait au prorata de leur chiffre d'affaires ?*
- *Quelle est la rentabilité des produits A et B avec les deux clés de répartition des charges communes précédentes ? Est-ce que la rentabilité sur l'ensemble des deux produits est modifiée par le choix de la clé de répartition ? Justifier numériquement.*

Corrigé

1 – Calcul du coût conjoint du sous-produit C

Il faut retrouver l'équation suivante :

Coût conjoint du sous-produit = Chiffre d'affaires du sous-produit – Bénéfice du sous-produit – Coût de distribution du sous-produit – Coût complémentaire du sous-produit

Or avec le taux de marge sur coûts commerciaux on peut déduire directement : chiffre d'affaires – coûts de distribution = 80 % x (15 x 20 000) = 240 000 €.

D'où coût conjoint du sous-produit = 240 000 – 10 % x (15 x 20 000) – 60 000
= 150 000 €.

2 – Calcul du coût de production net des produits A et B avec répartition des charges communes selon la quantité de matière première utilisée

Le tableau ci-dessous reprend les coûts par produit selon l'ordre d'apparition de ces coûts dans le processus de transformation de la matière première M.

Tableau du coût de production net des produits A et B

	Produit A	Produit B	Total
Consommation de la matière première M	50 000 x 20 + 20 000 x 2/3 x 20 + 5 000 x 20 = 1 366 667 € (a) (68,33 %)	25 000 x 20 + 20 000 x 1/3 X 20 = 633 333 € (31,67 %)	100 000 x 20 = 2 000 000 €
+ Quote-part des coûts de l'atelier 1	300 000 x 68,33 % = 204 990 €	300 000 x 31,67 % = 95 010 €	300 000 €
– Coût conjoint du produit C	150 000 x (50 000 / 75 000) = 100 000 €	150 000 x (25 000 / 75 000) = 50 000 €	150 000 €
+ Coûts de l'atelier 2	80 000 €		80 000 €
+ Coûts des déchets (b)	5 000 x 0,5 = 2 500 € (c)		2 500 €
= Coût de production	1 554 157 €	678 343 €	2 232 500 €

(a) On considère que la matière C est un sous-produit de A et B puisqu'il apparaît en atelier 1. La consommation de matière première M relative à ce produit est répartie proportionnellement à la consommation de matière première par les produits A $\left(\frac{50\,000}{50\,000 + 25\,000}\right)$ et B $\left(\frac{25\,000}{50\,000 + 25\,000}\right)$. Par ailleurs, le reste de la consommation de matière première se retrouve dans les déchets qui sont affectés à A, soit 100 000 – 50 000 – 25 000 – 20 000 = 5 000 kg. On peut supposer que ces déchets apparaissent dans l'atelier 2 puisqu'ils ne sont affectés qu'au produit A.

(b) Si on suppose que les déchets apparaissent au niveau de l'atelier 2 (voir (a)) il est normal de placer ce coût à ce niveau dans le tableau des coûts de production.

(c) La quantité de déchets se déduit des quantités présentes dans les produits A, B et C et de la quantité consommée de matière M, qui est dans cet exercice égale à la quantité achetée car le stock initial et le stock final sont nuls.

3 – Calcul du coût de production net des produits A et B avec répartition des charges communes selon leur chiffre d'affaires

Tableau du coût de production net des produits A et B

	Produit A	Produit B	Total
Consommation de la matière première M	50 000 x 20 + 20 000 x 2/3 x 20 + 5 000 x 20 = 1 366 667 €	25 000 x 20 + 20 000 x 1/3 X 20 = 633 333 €	100 000 x 20 = 2 000 000 €
+ Quote-part des coûts de l'atelier 1	300 000 x 75 % = 225 000 €	300 000 x 25 % = 75 000 €	300 000 €
– Coût conjoint du produit C	150 000 x (50 000 / 75 000) = 100 000 €	150 000 x (25 000 / 75 000) = 50 000 €	150 000 €
+ Coûts de l'atelier 2	80 000 €		80 000 €
+ Coûts des déchets	5 000 x 0,5 = 2 500 €		2 500 €
= Coût de production	1 574 167 €	658 333 €	2 232 500 €

(a) On doit répartir 100 % des charges communes entre les deux produits A et B donc il faut faire au prorata des seuls chiffres d'affaires des produits A et B, soit pour le produit A : $\frac{50\,000 \times 42}{50\,000 \times 42 + 25\,000 \times 28} = 75\ \%$.

4 – Calcul de la rentabilité des produits A et B

On garde la même marge sur coûts commerciaux dans les deux situations. Seul le coût de production pour chaque catégorie de produits change.

	Produit A	Produit B	Total
Chiffre d'affaires	50 000 x 42 = 2 100 000 €	25 000 x 28 = 700 000 €	2 800 000 €
Marge sur coûts commerciaux (a)	2 100 000 x 75 % = 1 575 000 €	700 000 x 80 % = 560 000 €	2 135 000 €
Coût de production avec 1re répartition des charges communes (Q2)	1 554 157 €	678 343 €	2 232 500 €
Résultat d'exploitation (bénéfice ou perte)	20 843 €	– 118 343 €	– 97 500 €
Rentabilité	0,99 %	– 16,91 %	– 3,48 %
Coût de production avec 2e répartition des charges communes (Q3)	1 574 167 €	658 333 €	2 232 500 €
Résultat d'exploitation (bénéfice ou perte)	833 €	– 98 333 €	– 97 500 €
Rentabilité	0,04 %	– 14,05 %	– 3,48 %

(a) La marge sur coûts commerciaux permet de savoir ce qu'il reste du chiffre d'affaires une fois que les coûts commerciaux sont déduits. Le solde permettra de financer les coûts de production et de sécréter le bénéfice.

Le choix de la clé de répartition des charges communes n'a qu'un impact limité sur la rentabilité des deux produits. La seconde clé de répartition (en fonction du chiffre d'affaires) permet de faire apparaître une perte plus faible pour le produit B que la première clé de répartition (en fonction de la matière première consommée). L'effet est inverse sur le produit A. La rentabilité sur l'ensemble des deux produits n'a pas changé. En changeant la clé de répartition, on a juste modifié la répartition des charges communes. On n'a pas modifié le montant total.

THÈME 5

Les coûts de revient, les résultats analytiques et le résultat comptable

EXERCICE 9 Coût de production, coût de revient et résultat analytique

Les informations qui suivent sont relatives au mois dernier. L'entreprise Everest a produit 9 000 stylos plume. Le prix de vente unitaire des stylos plume est de 200 €.

Le stock initial au début du mois dernier était de 1 000 stylos plume pour un montant total de 100 000 €. Le stock final est de 2 000 stylos et a une valeur de 220 000 €.

Le coût de production des stylos plume fabriqués durant le mois dernier a été de 990 000 €.

L'ensemble des coûts hors production, qui sont relatifs au coût de distribution, a été de 320 000 €.

- *Quel est le coût de production d'un stylo plume vendu durant le mois dernier ?*
- *Des prévisions avaient été faites en supposant que les quantités produites durant un mois seraient vendues durant le même mois. Il avait été prévu pour chaque mois que le coût de distribution ne représenterait pas plus de 35 % du coût de production des stylos fabriqués et vendus. A-t-on atteint cet objectif ?*
- *Quel est le bénéfice par stylo plume durant le mois dernier ?*

CORRIGÉ

1 – Calcul du coût de production d'un stylo plume vendu durant le mois dernier

Dans une fiche de stock de produits finis, on a :

Coût de production des produits vendus

= Stock initial en valeur + Coût de production des produits fabriqués – Stock final

= 100 000 + 990 000 – 220 000 = 870 000 €

De même, la quantité vendue se déduit avec la même équation mais relative aux quantités :

Stock initial + Quantité produite – Stock final = 1 000 + 9 000 – 2 000 = 8 000 stylos plume.

D'où un coût unitaire des produits vendus de : $\frac{870\ 000}{8\ 000} = 108{,}75$ €.

Remarque : on peut déduire des données de l'énoncé que la méthode de valorisation des stocks est la méthode FIFO. Le coût unitaire dans le stock final est égal au coût unitaire des produits fabriqués :

$$\frac{220\ 000}{2\ 000} = \frac{990\ 000}{9\ 000} = 110 \text{ €}$$

2 – Vérification du montant du coût de distribution en fonction du coût de production

Durant le mois dernier, le coût de distribution a représenté environ 36,78 % du coût de production des produits vendus $\left(\frac{320\ 000}{870\ 000}\right)$.

Si on veut vérifier ce que représente le coût de distribution par rapport au coût de production du mois dernier, il faut comparer les coûts unitaires car la quantité vendue est différente de la quantité produite.

Coût unitaire de la production du mois dernier : $\frac{990\ 000}{9\ 000} = 110$ €

Coût unitaire de distribution du mois dernier : $\frac{320\ 000}{8\ 000} = 40$ €

Coût de distribution en pourcentage du coût de production de la période : 40 / 110 ≈ 36,36 %.

Dans tous les cas, l'objectif n'a pas été atteint.

3 – Calcul du bénéfice par stylo-plume durant le mois dernier

Coût de revient unitaire = 108,75 + 40 = 148,75 €

Bénéfice = Prix de vente – Coût de revient unitaire = 200 – 148,75 = 51,25 €

EXERCICE 10 Coût de revient et résultat analytique

Reprendre l'énoncé et le corrigé de l'exercice 6 du thème 3.

Le stock initial de produits finis durant le mois étudié à l'exercice 6 est de 10 000 savons rectangulaires pour un montant de 19 000 € et de 5 000 savons ovales pour un montant de 8 250 €.

La méthode de valorisation des stocks est la même que celle définie pour les matières premières (méthode CUMP).

Durant le mois étudié, il a été vendu 50 000 savons rectangulaires et 60 000 savons ovales.

Il a été dit dans la réponse à la question 2 de l'exercice 6 : « on peut faire la remarque qu'une fois retiré le coût de production unitaire au prix, il reste une très faible marge pour payer les coûts de distribution. Si les savons rectangulaires et ovales produits durant la période sont ceux vendus durant la même période ils sont très certainement non rentables durant le mois étudié ».

- *Maintenant que le stock initial de produits finis est connu, est-ce que le savon rectangulaire et le savon ovale sont finalement rentables durant le mois étudié ?*
- *S'il n'y avait pas eu de stock initial de produits finis et que tous les produits fabriqués avaient été vendus, quelle aurait été la rentabilité des savons rectangulaires et des savons ovales ?*
- *Expliquer la différence obtenue dans les réponses aux deux questions précédentes.*

  Arrondir les montants unitaires à deux décimales après la virgule et les montants globaux à l'euro le plus près.

CORRIGÉ

1 – Calcul du coût de revient, du résultat analytique et de la rentabilité d'un savon rectangulaire et d'un savon ovale

Il faut commencer par évaluer le coût de production des produits vendus à partir des comptes de stock de produits finis. On reprend le coût de production de la période trouvé dans l'exercice 6.

Comptes de stock de produits finis

	Savon rectangulaire			Savon ovale		
	Quantité	Coût unitaire	Montant	Quantité	Coût unitaire	Montant
Stock initial	10 000	1,90	19 000	5 000	1,65	8 250
Coût de production de la période	50 000	2,12	106 141	60 000	1,72	103 001
Stock disponible	60 000	2,09	125 141	65 000	1,71	111 251
Coût de production des produits vendus	50 000	2,09	104 284 (a)	60 000	1,71	102 693
Stock final	10 000	2,09	41 714	5 000	1,71	8 558

(a) On a arrondi les montants. Pour retrouver le montant arrondi de 104 284 € il faut prendre : $\frac{125\ 141,32}{60\ 000} \times 50\ 000$.

On peut maintenant calculer le coût de revient de la période ainsi que le résultat analytique.

	Savon rectangulaire			Savon ovale			Total
	Quantité	Coût unitaire	Montant	Quantité	Coût unitaire	Montant	
Coût de production des produits vendus	50 000	2,09	104 284	60 000	1,71	102 693	206 978
Coût de distribution	500 (a)	4,55 (b)	2 273 (c)	600	4,55	2 727 (c)	5 000
Coût de revient	50 000	2,13	106 557	60 000	1,76	105 420	211 978
Chiffre d'affaires	50 000	2,20	110 000	60 000	1,76	105 600	215 600
Résultat analytique	50 000	0,07	3 443	60 000	0,00	180	3 622

(a) L'unité d'œuvre est le nombre de caisses vendues. Il y a 100 savons par caisse et on vend 50 000 savons rectangulaires d'où un total de 500 caisses.
(b) Le coût de l'unité d'œuvre se calcule par rapport à l'ensemble des caisses vendues soit 500 + 600 = 1 100 unités d'œuvre. Le montant de charges indirectes de distribution est de 5 000 € (voir énoncé de l'exercice 6) d'où :
coût de l'UO = $\frac{5\ 000}{1\ 100} \approx 4,55$ €/caisse

(c) Afin de pouvoir retrouver pour l'ensemble des deux produits un montant de charges indirectes de distribution de 50 000 €, on évite de prendre le coût de l'UO arrondi d'où les calculs suivants :

$\frac{5\ 000}{1\ 100}$ x 500 ≈ 2 273 €

$\frac{5\ 000}{1\ 100}$ x 600 ≈ 2 727 €

Le savon rectangulaire est finalement rentable. Pour le savon ovale, au vu du montant du résultat analytique très faible en comparaison du chiffre d'affaires (180 / 105 600 ≈ 0,17 % du chiffre d'affaires), on peut dire qu'il dégage une rentabilité égale à zéro.

2 – Calcul de la rentabilité d'un savon rectangulaire et d'un savon ovale sans stocks initial et final

Dans cette situation, le coût de production des produits vendus est égal au coût de production de la période. Il faut rajouter le coût de distribution par savon. Le coût de l'unité d'œuvre n'a pas changé. On vend toujours autant de caisses de savons (1 100 caisses).

	Savon rectangulaire			Savon ovale			Total
	Quantité	Coût unitaire	Montant	Quantité	Coût unitaire	Montant	
Coût de production des produits vendus	50 000	2,12	106 141	60 000	1,72	103 001	209 142
Coût de distribution	500	4,55	2 273	600	4,55	2 727	5 000
Coût de revient	50 000	2,17	108 414	60 000	1,76	105 728	214 142
Chiffre d'affaires	50 000	2,20	110 000	60 000	1,76	105 600	215 600
Résultat analytique	50 000	0,03	1 586	60 000	– 0,00	– 128	1 458

3 – Explication des différences de coût de revient et de résultat analytique

On remarque que le coût de production unitaire de la période est supérieur à celui qu'il était précédemment car la valeur des produits finis en stock est inférieure au coût de la période (1,90 € < 2,12 € et 1,65 € < 1,72 €). En vendant des produits fabriqués avant le mois étudié, on réduit ainsi le coût de production unitaire et donc le coût de revient unitaire. Ceci permet d'augmenter la rentabilité des deux produits par rapport à la situation où on ne vend que des produits de la période.

EXERCICE 11 Résultats analytiques et résultat comptable

L'entreprise Indus qui produit et vend sur la même période deux produits A et B (pas de stock initial et final de produits finis) a calculé le résultat analytique de ses deux produits pour l'année écoulée :

	Produit A	Produit B
Matières premières	20 000	12 000
Main-d'œuvre directe de production	100 000	80 000
Charges indirectes de production	150 000	150 000
Main-d'œuvre directe de distribution	80 000	80 000
Charges indirectes de distribution	80 000	80 000
Charges indirectes d'administration générale	300 000	300 000
Coût de revient	730 000	702 000
Chiffre d'affaires	800 000	720 000
Résultat analytique	70 000	18 000

Les charges indirectes de production comprennent un montant de dotations aux amortissements relatif à un investissement en machines qui a eu lieu en début d'année passée pour un montant de 300 000 €. Cet investissement est amorti en mode linéaire sur 5 ans. D'un point de vue fiscal, il a été préféré un amortissement dégressif amenant à amortir 35 % du montant la première année.

Les charges indirectes d'administration générale comprennent un montant de 60 000 € relatif à la rémunération des capitaux propres. Par ailleurs, afin d'évaluer plus pertinemment la rentabilité des deux produits, il n'a pas été gardé le montant de loyer payé qui est très modéré (120 000 €). En effet, il est relatif à une location qui a lieu depuis plus de 20 ans du siège social. Il a été substitué la valeur de marché (240 000 €).

Après inventaire, il s'est avéré que le stock de matière première est plus faible que prévu pour un montant de 2 000 €.

Durant l'année passée, il a été vendue une des machines servant à produire les produits A et B pour un montant de 50 000 €. Après amortissement la machine avait une valeur nette comptable de 60 000 €.

- *Quel est le résultat comptable de l'entreprise Indus pour l'année passée ?*
- *Quelle peut être la raison d'avoir un amortissement différent d'un point de vue fiscal et du point de vue de la comptabilité de gestion ?*
- *Quelle peut être la raison d'inclure une rémunération des capitaux propres dans les coûts de la comptabilité de gestion ?*
- *En quoi consiste le traitement fait de l'écart entre stock réel et stock théorique en comptabilité financière ?*

Corrigé

1 – Calcul du résultat comptable de l'année passée

Résultat analytique de l'année : 88 000 €

Charges supplétives :

$$\left(\frac{300\,000}{5} - 35\ \%\ \text{x}\ 300\,000\right) + (240\,000 - 120\,000) + 60\,000 = 135\,000\ €.$$

Différence d'inventaire : 2 000

Charges non incorporables : (50 000 – 60 000) = – 10 000 €

D'où :

Résultat comptable de l'année : 88 000 + 135 000 – 2 000 – 10 000 = 211 000 €

2 – Raison à la différence d'amortissement

Dans la mesure où l'amortissement dégressif est permis d'un point de vue fiscal, il peut être préférable d'amortir plus les premières années que les suivantes afin de bénéficier d'une réduction d'impôt plus importante au début de l'investissement.

Du point de vue de la comptabilité de gestion, il faut voir quel amortissement se justifie le plus au vu de l'usage réel des machines. Il n'est pas logique économiquement d'imputer un coût plus élevé les premières années si l'utilisation des machines ne se différencie pas des années suivantes.

3 – Motivation à l'incorporation de la rémunération des capitaux propres dans les coûts

Du point de vue de la comptabilité de gestion, les dividendes correspondent à une affectation du résultat net. Ils ne sont donc pas inclus dans le calcul du résultat net.

En comptabilité de gestion, il peut être pertinent d'inclure les dividendes dans les coûts car cela évite de mauvaises surprises : des produits insuffisamment rentables au vu des dividendes attendus par les actionnaires. En incorporant les dividendes dans les coûts, si un produit est rentable, il est suffisamment rentable pour permettre de payer les dividendes attendus.

4 – Traitement de la différence d'inventaire

Après inventaire, on peut remarquer que certains produits sont manquants par rapport aux entrées et sorties constatées ou qu'au contraire on a plus de produits que prévu. Cette différence est retraitée dans le compte de résultat de manière à annuler cet écart. Ici, on fait comme si la différence de 2 000 € avait été consommée dans le processus de production que ce soit réellement le cas ou non.

THÈME 6

Les emballages et les cessions internes

EXERCICE 12 Emballages

Le Petit Nantais est une société qui produit des bonbons, dont le bonbon Astérix, et qui les vend dans ses magasins spécialisés. Les bonbons Astérix sont stockés dans des sacs spécifiques de 10 kg qui seront jetés lorsque les bonbons seront vendus dans de petits sachets spécifiques remplis selon la quantité désirée par le client final. La contenance maximale des sachets est de 800 grammes.

Durant le mois de février il a été produit 10 000 kg de bonbons Astérix. Un kg de bonbons Astérix produit et prêt à être mis dans un sac de 10 kg coûte 1,7 €. Pour le mois de février, les coûts commerciaux liés au paiement des vendeurs et à l'amortissement des magasins ont été affectés par kg de bonbons vendus, soit 0,15 €/kg.

Le stock initial de sacs de 10 kg est de 300 unités et vaut 150 €.

Le stock initial de sachets dans les magasins est de 5 000 unités et vaut 50 €.

Le stock initial de bonbons Astérix de février N a une valeur de 3 605 € pour une quantité de 2 000 kg.

Il a été acheté durant le mois de février 900 sacs entraînant un coût d'achat de 468 € et 45 000 sachets pour un coût d'achat de 900 €.

Il a été vendu une quantité de 9 500 kg de bonbons durant le mois de février.

La méthode de valorisation des stocks est la méthode CUMP.

- *Quelle est la valeur du stock disponible de bonbons Astérix durant le mois de février ?*
- *Quel est le coût de revient d'un sachet de bonbons Astérix pesant 100 grammes ?*
- *Quel est le coût de revient de la vente d'un kilogramme de bonbons Astérix à un client ?*

CORRIGÉ

1 – Calcul de la valeur du stock de bonbons à la fin du mois de février

Il faut commencer par valoriser les sacs utilisés dans la production.

Comptes de stock de sacs

	Quantité	Coût unitaire	Montant
Stock initial	300	0,50	150
Coût d'achat de la période	900	0,52	468
Stock disponible	1 200	0,515	618
Coût d'achat des sacs utilisés	1 000	0,515	515
Stock final	200	0,515	103

	Quantité	Coût unitaire	Montant
Coût de production de la période (hors mise en sac)	10 000	1,70	17 000
Coût des sacs utilisés	1 000	0,515	515
Coût de production de la période	10 000	1,7515	17 515
Stock initial	2 000	1,8025	3 605
Stock disponible	12 000	1,76	21 120

2 – Calcul du coût de revient d'un sachet de bonbons Astérix pesant 100 grammes

Il faut évaluer le coût du sachet utilisé pour cela il faut passer par le compte de stock des sachets.

Comptes de stock des sachets

	Quantité	Coût unitaire	Montant
Stock initial	5 000	0,01	50
Coût d'achat de la période	45 000	0,02	900
Stock disponible	50 000	0,019	950

Coût de production pour 100 grammes de bonbons Astérix :	1,76 x 0,01 = 0,176 €
Coût du sachet :	0,019 €
Part des coûts commerciaux imputée aux 100 grammes :	0,15 x 0,1 = 0,015 €
Coût de revient pour 100 grammes de bonbons Astérix :	0,210 €

3 – Calcul du coût de revient de la vente d'un kilogramme de bonbons Astérix à un client

En raison de la capacité limitée à 800 grammes par sachet, il faudra vendre un kilogramme de bonbons Astérix dans deux sachets.

Coût de production pour 1 kg de bonbons Astérix :	1,76 x 1 = 1,760 €
Coût des 2 sachets :	0,019 x 2 = 0,038 €
Part des coûts commerciaux imputée au kilogramme :	0,150 €
Coût de revient pour 1 kg bonbons Astérix vendu à un client :	1,948 €

EXERCICE 13 Prix de cessions internes

Une entreprise intégrée est constituée de trois entités E1, E2 et E3. La matière première M est transformée dans la première entité E1 pour devenir le produit A qui est vendu en interne à E2. L'entité E2 transforme le produit A en un produit B pour le vendre à l'entité E3. L'entité E3 utilise deux produits B pour fabriquer un produit C et vend ensuite le produit à des administrations à un prix négocié avec ces dernières. Les entités E2 et E3 ne s'approvisionnent respectivement en produits A et B qu'en interne.

Pour le mois précédent, au niveau de l'entité E1, il avait été prévu un coût de production de 360 000 €, une quantité produite de 20 000 produits A et un prix de cession interne envers l'entité E2 comprenant un bénéfice de 10 %.

Finalement le coût de production a été de 408 000 € pour une quantité produite de 24 000 produits A.

- *Compte tenu du prix de cession interne fixé en fonction des prévisions, quel est le taux de bénéfice finalement réalisé par l'entité E1 ? E1 a-t-il réalisé une bonne performance ?*

Pour le mois précédent, au niveau de l'atelier E2, il avait été prévu un coût de transformation de 10 € par produit A. La direction s'interroge sur l'opportunité de vendre une partie des quantités produites de produit B sur le marché. Pour cela, il faudrait ajouter un coût de distribution fixe (qui ne dépendrait pas des quantités vendues) pour un montant de 40 000 € (amortissement des camions servant au transport) et un montant par produit vendu de 2 €.

- *Si la quantité vendue par E2 à des entreprises externes est de 10 000 produits B, quelle devrait être le prix de vente pour que l'entité E2 puisse avoir un bénéfice de 10 % sur ces ventes ?*
- *Quelle devrait être le prix de cession interne des 10 000 produits B restants à l'entité E3 pour qu'il permette un même bénéfice par produit que dans les conditions de vente décrites à la question précédente ? Cela induit quelle différence de prix entre une vente en externe et une vente en interne ?*

Le prix de cession interne des produits B a été fixé à 34 € pour le mois précédent.

Les coûts supplémentaires au niveau de l'entité E3 pour obtenir le produit C sont de 60 000 € quelle que soit la quantité produite et de 4 € par produit C fabriqué et vendu.

Le prix de vente des produits C aux administrations a été négocié pour un montant unitaire de 92 €.

- *Quel est le bénéfice en pourcentage des ventes pour E3 si on tient compte des prévisions de production de 20 000 produits A et des prévisions de vente de 10 000 produits B par E2 en externe ?*
- *Quel est le bénéfice prévisionnel total de l'entreprise pour le mois précédent avec les conditions décrites à la question ci-dessus ?*

CORRIGÉ

1 – Calcul du taux de bénéfice finalement réalisé par l'entité E1

Le prix fixé en fonction des prévisions sur la production vendue et d'un bénéfice de 10 % sur les ventes en interne est de :

$$\frac{360\ 000 / 20\ 000}{(1 - 10\ \%)} = 20\ €$$

Le bénéfice réel en pourcentage des ventes en interne est donc de :

$$\frac{20 - 408\,000 / 24\,000}{20} = 15\ \%$$

Le bénéfice est ainsi plus élevé que prévu, ce qui montre *a priori* une bonne performance de l'entité E1.

2 – Détermination du prix de vente (externe) des produits B

Coût unitaire d'un des 10 000 produits B vendus en externe :

$$20 + 10 + \frac{40\,000}{10\,000} + 2 = 36\ €$$

Remarque : il ne faut pas oublier le prix d'achat de 20 € auprès de l'entité E1.

Le prix de vente incorporant un bénéfice de 10 % doit donc être de :

$$\frac{36}{(1 - 10\ \%)} = 40\ €$$

3 – Détermination du prix de cession interne des produits B

En interne, on n'a plus les coûts de distribution. Le calcul du prix de cession interne qui assure un bénéfice d'au moins 10 % est donc :

$$\frac{20 + 10}{1 - 10\ \%} = 33{,}34\ €$$

Cela induit une différence de prix de 6,66 €.

4 – Calcul du bénéfice en pourcentage des ventes pour E3

Il faut deux produits B pour un produit C d'où un coût unitaire de :

$$34 \times 2 + \frac{60\,000}{5\,000} + 4 = 84\ €$$

On prévoit ainsi de produire et de vendre 5 000 produits C pour un coût unitaire de 84 €.

Le taux de bénéfice serait donc légèrement inférieur à 8,7 % :

$$\frac{92 - 84}{92} \approx 8{,}7\ \%$$

5 – Calcul du bénéfice prévisionnel pour l'ensemble de l'entreprise

Bénéfice pour E1 : (20 – 18) x 20 000 = 40 000 €

Bénéfice pour E2 : (40 – 36) x 10 000 + (34 – 30) x 10 000 = 80 000 €

Bénéfice pour E3 : (92 – 84) x 5 000 = 40 000 €

Bénéfice de l'entreprise : 40 000 + 80 000 + 40 000 = 160 000 €

THÈME 7

La méthode des coûts complets classiques

EXERCICE 14 Méthode des coûts complets avec stocks de matières premières

La société Protect produit des housses pour téléphones portables. Deux modèles de housses sont produits, à partir de deux matières premières A et B : la housse Classique et la housse Luxe. Au sein de cette entreprise, il est distingué 5 centres d'analyse :

– 2 centres auxiliaires (Administratif et Logistique) ;

– 3 centres principaux (Approvisionnement, Atelier 1 et Atelier 2).

Les montants imputés aux centres d'analyse durant le mois de mai N sont d'un montant total de 170 000 € et se répartissent de la manière suivante :

– Approvisionnement : 30 000 €

– Atelier 1 : 20 000 €

– Atelier 2 : 60 000 €

– Administratif : 30 000 €

– Logistique : 30 000 €

Les frais administratifs se répartissent par centre au prorata du nombre de requêtes effectuées auprès de ce centre, à savoir pour le mois de mai N :

– 20 requêtes pour l'Approvisionnement ;

– 20 requêtes pour l'Atelier 1 ;

– 60 requêtes pour l'Atelier 2.

Les frais de logistique se répartissent par centre au prorata du nombre de salariés, à savoir pour le mois de mai N :

– Approvisionnement : 8 salariés

– Atelier 1 : 10 salariés

– Atelier 2 : 3 salariés

– Administratif : 4 salariés

Les unités d'œuvre définies par la direction pour les centres principaux sont les suivantes :

– Approvisionnement : montant des achats de matière première

– Atelier 1 : nombre de produits fabriqués

– Atelier 2 : chiffre d'affaires

Le produit Luxe nécessite 40 grammes par housse de chaque matière première tandis que le produit Classique nécessite 20 grammes par housse de chaque matière première.

La seule matière première disponible au 1er mai N est la matière première A et elle a une valeur totale en stock de 4 000 € pour 1 000 kg. Durant le mois de mai N il a été acheté 5 000 kg de matière première A et 5 000 kg de matière première B. Le kg de matière première A ou B a coûté 2 € en mai N.

Le stock initial de produits finis en mai est nul suite à une demande très forte en avril.

La production en mai N a été de 90 000 housses Classique et de 50 000 housses Luxe.

Les ventes en mai N ont été de 80 000 housses Classique et de 50 000 housses Luxe. Elles ont lieu en sortie d'usine auprès de revendeurs. Le prix de vente est de 3 € pour la housse Classique et 7 € pour la housse Luxe.

La méthode de valorisation des sorties de stock est la méthode du coût unitaire moyen pondéré (CUMP).

- *Calculez le coût de revient et le résultat analytique pour une housse Classique et une housse Luxe pour les ventes du mois de mai N.*

- *Que pensez-vous du choix de la clé de répartition pour l'Atelier 2 et est-ce que le choix de cette clé de répartition a une conséquence importante sur le coût de revient des produits et le coût total pour l'entreprise Protect ?*

CORRIGÉ

1 – Calcul du coût de revient et du résultat analytique pour une housse Classique et une housse Luxe

Dans la méthode de coût complet classique, il faut commencer par établir le tableau de répartition des charges indirectes car il permet de définir la clé de répartition des charges indirectes par produit ou service. Cette clé de répartition est appelée coût de l'unité d'œuvre dans la méthode de coût complet classique.

Une fois cette clé définie il est alors possible de faire les différents calculs séquentiels dans le processus de fabrication et de vente : coût d'achat, coût de production et coût de distribution. Dans cet exemple, il n'y a pas de coût de distribution. S'il y en avait, il faudrait les calculer par rapport aux seuls produits vendus (et non fabriqués).

Tableau de répartition des charges indirectes

	Centres auxiliaires		Centres principaux		
	Administratif	Logistique	Approvisionnement	Atelier 1	Atelier 2
Répartition primaire	30 000	30 000	30 000	20 000	60 000
Répartition logistique	4 800 (16 %)	– 30 000	9 600 (32 %)	12 000 (40 %)	3 600 (12 %)
Répartition Administration	– 34 800		6 960 (20 %)	6 960 (20 %)	20 880 (60 %)
Répartition secondaire	0	0	46 560	38 960	84 480
Nature de l'UO			Montant des achats	Nombre de produits fabriqués	Chiffre d'affaires
Nombre d'UO			20 000	140 000	590 000
Coût de l'UO			232,8 %	0,278	14,32 %

(Voir page suivante pour le tableau de calcul du coût de revient et du résultat analytique.)

2 – Commentaires sur la clé de répartition pour l'Atelier 2 et son implication sur les coûts

Il est étonnant de répartir les charges indirectes de production en fonction des ventes. Selon le principe de causalité, cela supposerait que les charges indirectes de l'Atelier 2 sont variables en fonction des ventes. La quantité produite et la quantité vendue sont parfois différentes.

L'atelier 2 semble beaucoup plus automatisé que l'atelier 1 (montant plus élevé de charges indirectes pour l'atelier 2 pour un nombre moindre d'employés). L'importance des coûts fixes devrait amener à choisir une autre clé de répartition.

Tableau de calcul du coût d'achat des matières premières consommées (relatif à la question 1)

	Matière première A			Matière première B		
	Quantité	CU (a)	Montant	Quantité	CU (a)	Montant
Montant des achats	5 000	2	10 000	5 000	2	10 000
Approvisionnement	10 000	232,8 %	23 280	10 000	232,8 %	23 280
Coût d'achat de la période	5 000	6,656	33 280	5 000	6,656	33 280
+ Stock initial	1 000	4	4 000	0		0
= Stock disponible	6 000	6,21 (b)	37 280	5 000	6,656	33 280
Stock final	2 200	6,21	13 669	1 200	6,656	7 987
Coût d'achat des matières premières consommées	3 800	6,21	23 611	3 800	6,656	25 293

(a) Coût unitaire.
(b) Coût moyen pondéré : CUMP fin de période = $\frac{33\,280 + 4\,000}{5\,000 + 1\,000} = \frac{37\,280}{6\,000} = 6{,}21$ €\kg.

Tableau de calcul du coût de revient et du résultat analytique par produit (relatif à la question 1)

	Housse Classique			Housse Luxe			Total
	Quantité	CU	Montant	Quantité	CU	Montant	
Coût d'achat matière première A consommée	1 800	6,21	11 184 (a)	2 000	6,21	12 427	23 611
Coût d'achat matière première B consommée	1 800	6,66	11 981	2 000	6,66	13 312	25 293
Atelier 1	90 000	0,278	25 046	50 000	0,278	13 914	38 960
Atelier 2	240 000	14,32 %	34 365	350 000	14,32 %	50 115	84 480
Coût de production de la période	90 000	0,92	82 575	50 000	1,80	89 768	172 343
Coût de revient (b)	80 000	0,92	73 400	50 000	1,80	89 768	163 168
Chiffre d'affaires	80 000	3,00	240 000	50 000	7,00	350 000	590 000
Résultat analytique	80 000	2,08	166 600	50 000	5,20	260 232	426 832

(a) Les montants ne sont pas calculés à partir des coûts unitaires arrondis afin de trouver de trouver le bon montant « total » :

$11\,184 = 1\,800 \times \frac{37\,280}{6\,000}$.

(b) Ici, coût de revient = coût de production de la production vendue car il n'y a pas de charges de distribution et de vente.

Le choix de la clé de répartition a une importance car les charges indirectes de l'atelier 2 après répartition secondaire représentent 84 480 / 172 343 ≈ 49 % des coûts de production de la période. L'erreur dans le calcul du coût de revient et du résultat analytique de chaque produit peut ainsi être importante.

Une erreur de 10 % dans l'affection des charges indirectes de l'atelier 2 va entraîner une erreur de 4,9 % au niveau du coût de production de la période et de [34 365 x (80 000 / 90 000) + 50 115] / (163 168 x 10 %) ≈ 4,9 % au niveau du coût de revient.

En revanche, il n'y a aucun effet sur le coût total pour l'entreprise. Comme son nom l'indique le choix de la clé de répartition n'a une influence que sur la répartition des charges et non sur le montant total des charges. En effet, au niveau des charges indirectes c'est dans tous les cas 170 000 € qu'on affecte aux produits quel que soit le choix de l'unité d'œuvre.

Exercice 15 Méthode des coûts complets avec stocks de produits finis

La SARL savoyarde, EcoMeuble, vend des tables et des chaises de jardin écologiques auprès de magasins spécialisés dans le mobilier ou le jardinage et commence à vendre depuis deux mois auprès d'une chaîne d'hypermarchés voulant afficher une offre de produits écologiques.

La chaîne de l'offre (supply chain) *d'EcoMeuble peut être représentée de la manière suivante :*

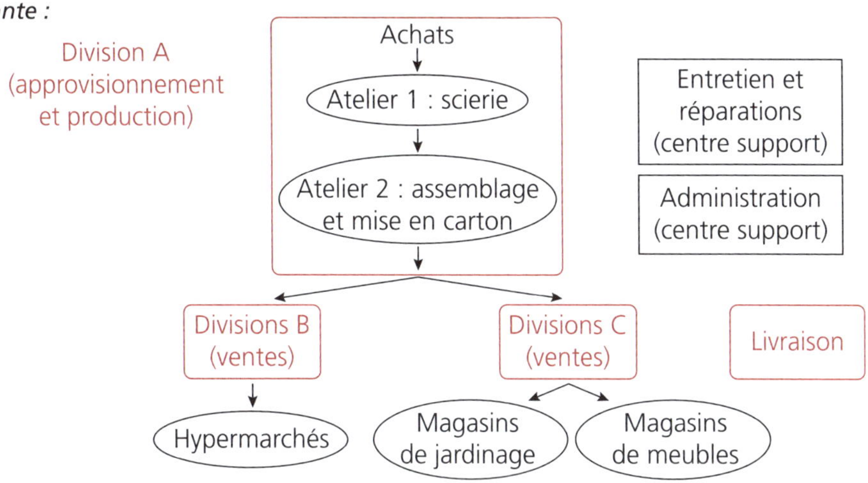

La division A s'occupe de l'approvisionnement et de la production. Elle est responsable de l'achat de pin auprès d'une société s'occupant de forêts de pin selon des normes de développement durable. Elle fait concevoir par deux sociétés les vis en inox et les cartons servant à l'emballage et leur achète un montant constant chaque mois de vis et de cartons. 2 personnes s'occupent d'entreposer le bois, les vis et les cartons. Au niveau de la production, dans un premier atelier, il y a deux machines de découpe avec 2 personnes. Dans un second atelier, 6 personnes s'occupent de mettre les chaises et les tables en kit dans des cartons et de leur placement dans l'entrepôt.

Les divisions B et C sont responsables de la vente et de la distribution des meubles avec l'aide du centre Livraison. Ces deux divisions sont constituées exclusivement de vendeurs sillonnant le marché de l'Europe de l'Ouest pour négocier des contrats auprès des hypermarchés pour la 1re division et auprès des magasins de jardinage et de meubles pour la 2nde. Il y a 2 vendeurs dans la division B et 4 vendeurs dans la division C. Le centre Livraison sert à fournir en meubles la centrale d'achat de la chaîne d'hypermarchés cliente, les centrales d'achat des chaînes de magasins spécialisés et directement certains magasins spécialisés.

Les centres Entretien et réparations et Administrations sont des centres support, à savoir qu'ils rendent des services aux trois divisions de transformation et de vente : A, B et C.

Auprès des hypermarchés, il est vendu le modèle H pour les chaises et les tables, qui est un modèle moins cher mais aussi avec une finition moins belle que pour le modèle S, vendu aux magasins spécialisés. La différenciation entre les deux modèles se fait au niveau de la découpe.

La méthode de valorisation des sorties de stock est la méthode « premier entré, premier sorti » (PEPS ou FIFO).

Conditions de fabrication :

– une table (H ou S) utilise 80 kg de pin, 8 vis en inox et est mise dans un carton ;

– une chaise (H ou S) utilise 20 kg de pin, 4 vis en inox et est mise dans un carton.

Les données du mois de mars N sont les suivantes :

Charges indirectes du centre Entretien et réparations :

– charges de personnel : 6 000 € ;

– achat de matières consommables : 300 € ;

– dotation aux amortissements du matériel et des locaux : 1 200 €.

Charges indirectes du centre Administration :

– charges de personnel : 8 000 € ;

– achat de matières consommables : 500 € ;

– dotation aux amortissements du système informatique et des locaux : 1 500 € ;

– rémunération des associés : 6 000 € ;

– intérêts dus pour un emprunt : 500 €.

Charges indirectes du centre Livraison :

– Charges des deux conducteurs de camion : 3 200 € ;

– Dotation aux amortissements des deux camions et de l'entrepôt : 800 € ;

– Essence : 1 000 €.

Division A :

– partie approvisionnement (achats au début du mois) :

- *Achat HT de pin : 70 tonnes de pin pour un montant de 105 000 €*
- *Achat HT de vis en inox : 12 000 vis pour un montant de 9 600 €*
- *Achat HT de cartons : 2 250 cartons, au coût unitaire de 1 €, 450 unités pour les tables H ou S et 1 800 unités pour les chaises H ou S*
- *Stock initial de pin : 5 tonnes de pin valant 9 000 €*
- *Stock initial de vis en inox : 100 vis valant 800 €*
- *Stock initial de cartons pour tables : 100 cartons valant 110 €*
- *Stock initial de cartons pour chaises : 200 cartons valant 220 €*
- *Stock initial de produits finis : 50 chaises H qui ont une valeur de 2 500 €, 100 tables H qui ont une valeur de 15 000 €, 200 chaises S qui ont une valeur de 11 000 €, 50 tables S qui ont une valeur de 7 750 €*
- *Charges de personnel d'approvisionnement : 3 000 €*
- *Dotation pour l'amortissement des monte-charge : 1 000 €*
- *Électricité : 100 €*

– atelier 1 :

- *Quantité de meubles disponibles en kit au début du mois : 0 meuble*
- *Quantité de meubles disponibles en kit à la fin du mois :*
  400 chaises H, 100 tables H, 1 400 chaises S et 350 tables S
- *Charges de personnel : 4 200 €*
- *Dotation aux amortissements machines et atelier : 1 500 €*
- *Électricité : 400 €*

– atelier 2 :

- *Quantité de meubles assemblés et emballés à la fin du mois :*
- *400 chaises H, 100 tables H, 1 400 chaises S et 350 tables S*
- *Charges de personnel : 9 000 €*
- *Dotation aux amortissements atelier 2 : 1 000 €*
- *Électricité : 200 €*

Division B :

– Charges du personnel commercial : 4 400 € (dont 500 € sont variables)

– Dotation aux amortissements des véhicules des vendeurs : 700 €

– Essence : 300 €

– Ventes de chaises H : 170 chaises à un prix de vente unitaire (hors taxes) de 75 €

– Ventes de tables H : 70 tables à un prix de vente unitaire (hors taxes) de 175 €

Division C :

– Charges du personnel commercial : 10 000 € (dont 3 500 € sont variables)

– Dotation aux amortissements des véhicules des vendeurs : 1 500 €

– Essence : 500 €

– Ventes de chaises S : 1 150 chaises à un prix de vente unitaire (hors taxes) de 100 €

– Ventes de tables S : 300 tables à un prix de vente unitaire (hors taxes) de 200 €

Informations sur l'allocation des charges indirectes :

– Les charges du centre Entretien et réparations se répartissent de la manière suivante :

- *10 % Administration*
- *10 % Approvisionnement*
- *30 % Atelier 1*
- *20 % Atelier 2*
- *10 % Division B*
- *10 % Division C*
- *10 % Livraison*

– Les charges du centre Administration se répartissent de la manière suivante :

- *10 % Approvisionnement*
- *40 % Atelier 1*
- *20 % Atelier 2*
- *10 % Division B*
- *10 % Division C*
- *10 % Livraison*

– Les charges de l'approvisionnement se répartissent entre les tables et les chaises en fonction du montant des achats.

– Les charges de l'atelier 1 se répartissent en fonction des heures d'utilisation des machines de découpe. Durant le mois, il a été utilisé 260 heures machine soit environ 72 % du temps machine disponible. Par ailleurs, une table et une chaise nécessitent autant de temps machine. Une table S nécessite 20 % de temps de plus qu'une table H. Il en est de même pour la chaise S par rapport à la chaise H.

- *Les charges de l'atelier 2 se répartissent en fonction de la quantité de chaises et de tables mises sous carton.*
- *Il a été décidé au début du mois que l'ensemble des charges de distribution et de vente se répartiraient en fonction du chiffre d'affaires.*

■ *Que pensez-vous du choix de la clé de répartition pour les charges Livraison ? Proposez une autre clé de répartition.*

■ *Quel est le coût de revient et le résultat analytique au mois de mars N pour les chaises et tables H ainsi que pour les chaises et tables S ? Arrondir à 2 chiffres significatifs le coût de l'unité d'œuvre.*

■ *Comment expliquez-vous la différence de résultat analytique entre les produits vendus en hypermarché et les produits vendus en magasins spécialisés ?*

■ *Quel est le résultat comptable (résultat selon la comptabilité financière) ? Faire le tableau du compte de résultat en reprenant les postes de charge et de produit façon comptabilité financière puis écrire l'équation chiffrée de la relation entre résultat analytique (selon comptabilité de gestion) et résultat comptable (selon comptabilité financière).*

■ *Présentez le résultat comptable en mettant en évidence les charges directes et indirectes.*

Corrigé

1 – Discussion du choix de la clé de répartition pour les charges Livraison

Le nombre de fois qu'on aura recours à un camion et à un conducteur et leur temps de mobilisation ne sont pas en relation directe avec le chiffre d'affaires. De même, une table pèse 4 fois le poids d'une chaise (au vu des kilogrammes utilisés de pin) dont la consommation d'essence pourrait être 4 fois plus importante pour l'une que pour l'autre. En revanche, la différence de prix d'une table par rapport à une chaise n'explique par cette différence de consommation d'essence. Le nombre de trajets, la durée des trajets et le volume et le poids des meubles sont plus pertinents pour répartir les coûts de livraison entre les meubles.

Si les camions ne transportent pas dans un même trajet les meubles pour la chaîne d'hypermarché et les magasins spécialisés, on peut rattacher de façon plus pertinente les coûts de livraison aux deux divisions B et C et ensuite se poser la question de l'allocation entre chaises et tables H ou S.

2 – Calcul du coût de revient et du résultat analytique des chaises S et H et des tables S et H

Les étapes pour le calcul du coût de revient sont :

- faire le *tableau de répartition des charges indirectes* pour pouvoir ensuite allouer les charges indirectes aux différents produits tout au long du processus de transformation et de distribution ;
- établir le ***coût d'achat des produits achetés*** pour valoriser les flux entrant dans les stocks de produits achetés, puis établir le ***coût d'achat des produits consommés*** dans le processus de transformation en tenant compte du coût précédemment calculé (flux entrant), du stock initial et de la méthode de valorisation des stocks ;
- calculer le ***coût de production de la période*** en additionnant les coûts tout au long du processus de transformation ;
- déterminer le ***coût de production des produits vendus*** en tenant compte du coût de production de la période (valeur du flux entrant de produits finis), du stock initial de produits finis et de la méthode de valorisation des stocks ;
- ajouter les coûts de distribution et de vente au coût de production des produits vendus pour avoir le ***coût de revient***.

Une fois le coût de revient obtenu, il suffit de soustraire au chiffre d'affaires ce montant pour avoir le résultat analytique par produit.

Remarque : l'exercice a été résolu avec un fichier Excel. Si les montants sont parfois arrondis, leur addition ou multiplication comprend les données exactes (à l'exception de l'unité d'œuvre qui est explicitement arrondie). Nous vous invitons à faire l'exercice sous Excel pour avoir ces mêmes données exactes.

Première étape : tableau de répartition des charges indirectes

Tableau 1 : Répartition des charges indirectes (montants en €)

	Centres auxiliaires		Centres principaux						Total
	Entretien et réparations	Administration	Approvisionnement	Atelier 1	Atelier 2	Vente Division B	Vente Division C	Livraison	
Répartition primaire	7 500	16 500	4 100	6 100	10 200	5 400	12 000	5 000	66 800
Répartition entretien et réparations	– 7 500	750	750	2 250	1 500	750	750	750	
Répartition administration		– 17 250	1 725	6 900	3 450	1 725	1 725	1 725	
Répartition secondaire	0	0	6 575	15 250	15 150	7 875	14 475	7 475	66 800
Nature de l'unité d'œuvre			Montant des achats	Heures machine	Quantité de meubles	Chiffre d'affaires	Chiffre d'affaires	Chiffre d'affaires	
Nombre d'unités d'œuvre			116 850 (a)	260	2 250	25 000 (b)	175 000 (b)	200 000 (b)	
Coût de l'UO arrondie			5,6 % (c)	59	6,7	3,2 %	8,3 %	3,7 %	
Différence due à l'arrondi			31,4	– 90	75	– 125	– 50	75	– 83,6

(a) On doit prendre l'ensemble des achats au prix HT : bois de pins, vis et cartons.

	Quantité	CU	Montant (en €)
Prix d'achat HT bois de pin	70 000 kg	1,50 €/kg	105 000
Prix d'achat HT vis en inox	12 000 vis	0,80 €/vis	9 600
Prix d'achat HT cartons pour chaises	1 800 cartons	1 €/carton	1 800
Prix d'achat HT cartons pour tables	450 cartons	1 €/carton	450
		Total	116 850

(b) L'ensemble des charges de distribution et de vente sont allouées selon la répartition du chiffre d'affaires.

	Table H	Chaise H	Table S	Chaise S	Total
Quantité vendue	70	170	300	1 150	
Prix de vente (HT)	175	75	200	100	
Chiffre d'affaires	12 250	12 750	60 000	115 000	200 000

(c) Par commodité pour la suite des calculs, il est préférable d'arrondir le coût de l'unité d'œuvre mais il faut savoir que cela va créer une différence entre le vrai coût à imputer et celui retenu :

Coût de l'UO (assiette de frais) = $\frac{6\ 575}{116\ 850} \approx 5{,}6\ \%$.

Dans la question, il est précisé qu'il faut garder deux chiffres significatifs. Les zéros avant le premier chiffre hors zéro ne comptent pas. En revanche, les zéros après un premier chiffre hors zéro comptent. Exemple : 0,056 ou 5,6 % ont 2 chiffres significatifs mais 0,0506 ou 5,06 % ont 3 chiffres significatifs.

Remarque : pour tout euro de prix d'achat pour une matière achetée il faudra rajouter 5,6 centimes d'euro de charges indirectes d'approvisionnement. De manière générale, il faudra rajouter 5,6 % du montant payé pour les matières achetées (bois, vis et cartons).

En utilisant un coût d'UO de 5,6 % on va imputer aux produits un montant de : 5,6 % x 116 850 = 6 543,60 € au lieu de 6 575 € (voir tableau de répartition des charges indirectes) donc c'est 31,40 € en moins (que prévu) qu'on va imputer aux produits. Au niveau de la comptabilité de gestion, cette approximation n'a pas grande importance car c'est un faible montant. Par ailleurs, au total, il y aura un montant de charges indirectes de 83,60 € en trop qu'on aura imputé aux produits. En revanche, si on veut passer d'un coût de la comptabilité de gestion à des charges de la comptabilité financière, il faut tenir compte de ce montant.

Deuxième étape : comptes de stock des produits achetés (afin de mettre en évidence le coût d'achat des produits achetés et des produits consommés)

Tableau 2

Stock de bois de pin (montants en €)			
	Quantité	Coût unitaire	Montant
Prix d'achat	70 000	1,50	105 000
Coût indirect de l'approvisionnement	105 000	5,6 % (a)	5 880
Coût d'achat	70 000	1,584	110 880
Stock initial	5 000	1,80	9 000
Stock 1 utilisé	5 000	1,80	9 000
Stock 2 utilisé	67 000	1,584	106 128
Bois consommé (par la production)	72 000	1,599	115 128
Stock final	3 000	1,584	4 752

Stock de vis (montants en €)			
	Quantité	Coût unitaire	Montant
Prix d'achat	12 000	0,80	9 600,00
Coût indirect de l'approvisionnement	9 600	5,6 % (a)	537,60
Coût d'achat	12 000	0,845	10 137,60
Stock initial	1 000	0,80	800,00
Stock 1 utilisé	1 000	0,80	800,00
Stock 2 utilisé	9 800	0,845	8 279,04
Vis consommé (par la production)	10 800	0,84	9 079,04
Stock final	2 200	0,845	1 858,56

Stock de cartons pour chaises (montants en €)			
	Quantité	Coût unitaire	Montant
Prix d'achat	1 800	1,00	1 800,00
Coût indirect de l'approvisionnement	1 800	5,6 % (a)	100,80
Coût d'achat	1 800	1,056	1 900,80
Stock initial	200	1,10	220,00
Stock 1 utilisé	200	1,10	220,00
Stock 2 utilisé	1 600	1,056	1 689,60
Cartons consommés (par la production)	1 800	1,061	1 09,60
Stock final	200	1,056	211,20

Stock de cartons pour tables (montants en €)			
	Quantité	Coût unitaire	Montant
Prix d'achat	450	1,00	450,00
Coût indirect de l'approvisionnement	450	5,6 % (a)	25,20
Coût d'achat	450	1,056	475,20
Stock initial	100	1,10	110,00
Stock 1 utilisé	100	1,10	110,00
Stock 2 utilisé	350	1,056	369,60
Cartons consommés (par la production)	450	1,066	479,60
Stock final	100	1,056	105,60

(a) Coût de l'UO

Lorsqu'on calcule le montant de charges indirectes à imputer à un produit, on applique la formule suivante : Nombre d'UO utilisé pour le produit x Coût de l'UO = Montant de charges indirectes imputé au produit (ici : 105 000 € est le montant des achats pour bois de pin).

On remarque que le coût de l'UO n'est pas fonction du produit mais du centre d'analyse principal. On trouvera ainsi cette valeur de 5,6 % dans chaque compte de stock de produits achetés.

Remarque : le coût unitaire (CU) est parfois arrondi mais les montants ne sont pas arrondis. Lorsqu'on fait les calculs sous Excel, la précision est gardée même si on affiche un montant avec un nombre limité de chiffres derrière la virgule.

Vérification :

Si on reprend l'ensemble des coûts d'approvisionnement, on obtient 5 880 + 537,60 + 100,80 + 25,20 = 6 543,60 €. Si nous n'avions pas arrondi le coût de l'UO nous aurions dû avoir 6 575 € (voir tableau de répartition des charges indirectes) donc nous avons bien l'écart de 31,40 € constaté dans le tableau de répartition des charges indirectes.

Troisième étape : calcul du coût de production de la période

L'information qu'il faut retrouver dans cette partie pour pouvoir allouer les charges indirectes de l'atelier 1 est le temps machine nécessaire par produit.

Nous avons les informations suivantes : 260 heures sont utilisées sur le mois et un modèle S nécessite 20 % de temps en plus qu'un modèle H. On connaît le nombre de produits qui sort de l'atelier 1 donc on peut retrouver le temps par produit.

Soit h le nombre d'heures nécessaires pour une chaise ou une table H, nous avons donc l'équation suivante :

$400 \times h + 100 \times h + 1\,400 \times h \times 1{,}2 + 350 \times h \times 1{,}2 = 260$

D'où $2\,600\ h = 260$ et donc $h = 0{,}1$ heure (ou 6 minutes)

Il faut donc 0,1 heure par table ou chaise H et 0,12 heure par table ou chaise S.

Par exemple, le nombre d'heures machines utilisées pour les 400 chaises H est de :
$400 \times 0{,}1 = 40$ heures.

Tableau 3 : Calcul du coût de production de la période par produit (montants en €)

	Chaise H			Table H		
	Quantité	CU	Montant	Quantité	CU	Montant
Coût d'achat du bois	8 000	1,599	12 792	8 000	1,60	12 792
Coût d'achat des vis	1 600	0,84	1 345,04	800	0,84	672,52
Coût indirect de l'atelier 1	40	59,00	2 360	10	59,00	590
Coût d'achat du carton (a)	400	1,06	424,36	100	1,07	106,58
Coût indirect de l'atelier 2	400	6,70	2 680	100	6,70	670
Coût de production de la période	400	49,00	19 601,40	100	148,31	14 831,10

	Chaise S			Table S		
	Quantité	CU	Montant	Quantité	CU	Montant
Coût d'achat du bois	28 000	1,60	44 772	28 000	1,60	44 772
Coût d'achat des vis	5 600	0,84	4 707,65	2 800	0,84	2 353,83
Coût indirect de l'atelier 1	168	59,00	9 912	42	59,00	2 478
Coût d'achat du carton (a)	1 400	1,06	1 485,24	350	1,07	373,02
Coût indirect de l'atelier 2	1 400	6,70	9 380	350	6,70	2 345
Coût de production de la période	1 400	50,18	70 256,89	350	149,49	52 321,85

(a) On doit constater le coût d'achat du carton au moment où il est utilisé, à savoir dans l'atelier 2 quand on met les meubles en kit dans les cartons.

Quatrième étape : Calcul du coût de production des produits vendus (en passant par le compte de stock des produits finis) (montants en €)

Tableau 4

	Chaise H			Table H		
	Quantité	CU	Montant	Quantité	CU	Montant
Coût de production de la période Stock initial de produits finis	400 50	49,00 50,00	19 601,40 2 500	100 100	148,31 150,00	14 831,10 15 000
Stock 1 utilisé Stock 2 utilisé	50 120	50,00 49,00	200 5 880,42	70 0	150,00 0	10 500 0
Coût de production des produits vendus	170	49,30	8 380,42	70	150,00	10 500

	Chaise S			Table S		
	Quantité	CU	Montant	Quantité	CU	Montant
Coût de production de la période	1 400	50,18	70 256,89	350	149,49	52 321,85
Stock initial de produits finis	200	55,00	11 000	50	155,00	7 750
Stock 1 utilisé	200	55,00	11 000	50	155,00	7 750
Stock 2 utilisé	950	50,18	47 675,32	250	149,49	37 372,75
Coût de production des produits vendus	1 150	51,02	58 674,32	300	150,41	45 122,75

Cinquième étape : Calcul du coût de revient et du résultat analytique (montants en €)

Tableau 5

	Chaise H			Table H		
	Quantité	CU	Montant	Quantité	CU	Montant
Coût de production des produits vendus	170	49,30	8 380,42	70	150,00	10 500
Coût des ventes	12 750	3,2 %	4 080	12 250	3,2 %	3 920
Coût de la distribution	12 750	3,7 %	471,75	12 250	3,7 %	453,25
Coût de revient	170	76,07	12 932,17	70	212,475	14 873,25
Chiffre d'affaires	170	75,00	12 750	70	175,00	12 250
Résultat analytique	170	– 20,6	– 182,17	70	– 37,475	– 2 623,25

	Chaise S			Table S		
	Quantité	CU	Montant	Quantité	CU	Montant
Coût de production des produits vendus	1 150	51,02	58 764,32	300	150,41	45 122,75
Coût des ventes	115 000	8,3 %	9 545	60 000	8,3 %	4 980
Coût de la distribution	115 000	3,7 %	4 255	60 000	3,7 %	2 220
Coût de revient	1 150	63,02	74 274,32	300	174,41	52 322,75
Chiffre d'affaires	1 150	100,00	115 000	300	200,00	60 000
Résultat analytique	1 150	36,98	42 525,68	300	25,59	7 677,25

Tableau 6 : Synthèse pour une 1re analyse (montants en €)

	Chaise H	Table H	Chaise S	Table S	Total
Coût de production des produits vendus	8 380,42	10 500	58 764,32	45 122,75	122 677,49
Coût des ventes	4 080	3 920	9 545	4 980	22 525
Coût de la distribution	471,75	453,25	4 255	2 220	7 400
Coût de revient	12 932,17	14 873,25	72 474,32	52 322,75	152 602,49
Chiffre d'affaires	12 750	12 250	115 000	60 000	200 000
Résultat analytique	– 182,17	– 2 623,25	42 525,68	7 677,25	47 397,51
Résultat analytique par division commerciale	2 805,42		50 202,93		

On remarque que si le résultat analytique de la société est largement positif (profitabilité de 47 397,51 / 200 000 ≈ 23,7 %), les produits vendus aux hypermarchés sécrètent un résultat négatif. Il faudrait donc réfléchir à augmenter le prix de vente auprès des hypermarchés ou abaisser le coût de revient unitaire. Si on compare les produits vendus aux hypermarchés et aux magasins spécialisés, on observe que le coût de revient unitaire des produits vendus aux hypermarchés inclut des coûts commerciaux très élevés relativement au volume vendu et au coût de production.

Si on veut être plus précis concernant le résultat analytique on peut rajouter les 83,6 € de charges indirectes qui ont été affectées en trop aux produits (voir tableau de répartition des charges indirectes) : 47 397,31 + 83,6 = 47 481,11 €.

3 – Explication de la différence de résultat analytique entre les produits vendus en hypermarché et les produits vendus en magasins spécialisés

La différence au niveau du résultat analytique provient d'une différence au niveau du prix qui ne se retrouve pas au niveau du coût de revient unitaire (prix plus faible pour les hypermarchés pour un coût de revient unitaire plus élevé).

Le coût de revient unitaire plus élevé provient des coûts de vente plus élevés. Les coûts de vente, charges de personnel, essence et dotation aux amortissements des véhicules, sont principalement fixes. L'augmentation des ventes auprès des hypermarchés aurait ainsi pour incidence de réduire le coût de vente unitaire.

Remarque : un petit calcul laisse supposer que les vendeurs reçoivent une commission de 2 % sur les ventes du mois (500 / 25 000 = 3 500 / 175 000 = 2 %). Seules ces charges-là vont augmenter proportionnellement aux ventes, tant qu'il n'est pas nécessaire de recourir à de nouveaux vendeurs.

4 – Résultat comptable avec charges par nature et concordance avec le résultat analytique

Compte de résultat (avec charges par nature)

Charges		Produits	
Achats de matières premières	116 850,00 (a)	Ventes de marchandises	0,00 (h)
Variation de stocks	3 202,64 (b)	Production vendue	200 000,00 (i)
Autres achats et charges externes	3 300,00 (c)	Montant net du chiffre d'affaires	200 000,00
Variation de stocks	0,00 (d)	Production stockée	34 333,75 (j)
Salaires, traitements et charges sociales	47 800,00 (e)		
Dotations aux amortissements et aux dépréciations	9 200,00 (f)		
Charges financières	500,00 (g)		
Total charges	180 852,64	Total produits	234 333,75
Bénéfice	53 481,11		

(a) Voir tableau 2 ou énoncé : 105 000 + 9 600 + 1 800 + 450
(b) Voir tableau 2 : (9 000 – 4 752) + (800 – 1 858,56) + (220 – 211,20) + (110 – 105,60)
(c) Voir énoncé : on reprend les achats d'électricité, d'essence et de matières consommables
(100 + 400 + 200) + (300 + 500 + 1 000) + (500 + 300)
(d) On ne dit rien sur le stockage des « autres achats » donc on suppose que tout est consommé sur la période et qu'il n'y avait pas de stock initial.
(e) Voir énoncé : 6 000 + 8 000 + 3 200 + 3 000 + 4 200 + 9 000 + 4 400 + 10 000
(f) Voir énoncé : 1 200 + 1 500 + 800 + 1 000 + 1 500 + 1 000 + 700 + 1 500
(g) Ce sont les intérêts dus pour un emprunt et comptabilisé dans les charges indirectes administratives
(h) On ne vend pas de marchandises. Les produits achetés sont transformés avant d'être revendus.
(i) Voir dans l'énoncé les ventes des divisions B et C :
75 x 170 + 175 x 70 + 100 x 1 150 + 200 x 300
(j) Il faut reprendre la variation de stock de produits finis : Stock final – Stock initial. Cela revient à prendre la différence entre le coût de production de la période (flux entrant) et le coût de production des produits vendus (flux sortant) puisque toute variation de stock ne peut provenir que d'une différence entre les flux entrants et sortants.
D'où voir tableau 4 : (19 601,40 – 8 380,42) + (14 831,10 – 10 500) + (70 256,89 – 58 674,32) + (52 321,85 – 45 122,75) = 34 333,75 €

Concordance entre le résultat analytique et le résultat comptable :

Charges comptabilité de gestion =
Charges comptabilité générale + Charges supplétives – Charges non incorporables

Donc Résultat analytique =
Résultat comptable – Charges supplétives + Charges non incorporables

Les charges supplétives sont, ici, relatives à la rémunération des associés, qui n'est pas une obligation au même titre que les intérêts bancaires et est ainsi une affectation du résultat comptable.

Nous n'avons pas ici de charges non incorporables.

Résultat comptable = 47 481,11 + 6 000 = 53 481,11 €.

5 – Résultat comptable (avec charges directes et indirectes)

Charges		Produits	
Achats de matières premières	116 850,00	Ventes de marchandises	0,00
Variation de stocks	3 202,64	Production vendue	200 000,00
Charges directes	120 052,64 (a)	Montant net du chiffre d'affaires	200 000,00
Charges indirectes	60 800,00 (b)	Production stockée	34 333,75
Total charges	180 852,64	Total produits	234 333,75
Bénéfice	53 481,11		

(a) Les seules charges directes dans cet exercice sont relatives à la consommation de produits intermédiaires ou de matières premières (bois, vis et carton).
(b) On retrouve les charges indirectes présentes dans le tableau 1 (répartition primaire ou secondaire) à l'exception des 6 000 € de rémunération des associés, qui sont exclus de la comptabilité financière (ou générale).

EXERCICE 16 Méthode des coûts complets avec stocks et en-cours

Reprendre les données de l'exercice précédent.

On suppose maintenant qu'il existait en mars N des encours finaux pour un montant équivalant à 100 chaises S n'ayant fini que l'atelier 1 à la fin du mois de mars N, alors qu'il n'y avait pas d'en-cours au début de ce même mois.

- *Quel serait le nouveau coût de revient des chaises S du fait de cet en-cours ?*
- *Quels seraient les nouveaux résultats analytiques et résultat comptable ? Faire le compte de résultat en distinguant les charges selon leur nature.*

CORRIGÉ

1 – Calcul du coût de revient pour les chaises S

Le coût de revient doit naturellement baisser puisqu'on impute moins de charges aux produits fabriqués durant la période et par incidence aux produits vendus durant la période.

	Chaise S		
	Quantité	CU	Montant
Coût d'achat du bois	28 000	1,60	44 772,00
Coût d'achat des vis	5 600	0,84	4 707,65
Coût indirect de l'atelier 1	168	59,00	9 912,00
en-cours initial	0	0	0,00
en-cours final	100	42,42 (a)	4 242,26 (b)
Coût de production après atelier 1	1 400	39,39	55 149,39 (c)
Coût d'achat du carton	1 400	1,06	1 485,24
Coût indirect de l'atelier 2	1 400	6,70	9 380,00
Coût de production de la période	1 400	47,15	66 014,63
Stock initial de produits finis	200	55,00	11 000,00
Stock 1 utilisé	200	55,00	11 000,00
Stock 2 utilisé	950	47,15	44 795,64
Coût de production des produits vendus	1 150	49,00	55 795,64
Coût des ventes	115 000	8,3 %	9 545,00
Coût de la distribution	115 000	3,7 %	4 255,00
Coût de revient	1 150	60,52	69 595,64

(a) Il faut retrouver la valeur du coût unitaire d'une chaise S à la fin de l'atelier 1 :

$$\frac{44\ 772 + 4\ 707{,}65 + 9\ 912}{1\ 400} = 42{,}42\ €$$

(b) On a l'équivalent de 100 chaises S qui n'ont fini que l'atelier 1 donc sa valeur est :

$$\frac{44\ 772 + 4\ 707{,}65 + 9\ 912}{1\ 400} \times 100 = 4\ 242{,}26\ €$$

(c) Pour retrouver la valeur des 1 400 chaises S fabriquées durant la période, il faut déduire l'en-cours de la période et inclure l'en-cours initial :

44 772,00 + 4 707,65 + 9 912,00 + 0 – 4 242,26 = 55 149,39 €

Le coût de revient des chaises S est plus faible que celui obtenu dans l'exercice précédent en raison du constat d'un stock d'en-cours final pour des charges qui n'ont pas changé. Cela induit donc moins de charges à imputer aux produits finis.

2 – Nouveaux résultats analytiques et résultat comptable

	Chaise H	Table H	Chaise S	Table S	Total
Coût de production des produits vendus	8 380,42	10 500,00	55 795,64	45 122,75	119 798,81
Coût des ventes	4 080,00	3 920,00	9 545,00	4 980,00	22 525,00
Coût de la distribution	471,75	453,25	4 255,00	2 220,00	7 400,00
Coût de revient	12 932,17	14 873,25	69 595,64	52 322,75	149 723,81
Chiffre d'affaires	12 750,00	12 250,00	115 000,00	60 000,00	200 000,00
Résultat analytique	– 182,17	– 2 623,25	45 404,36	7 677,25	50 276,19

Le résultat analytique a naturellement augmenté car les charges et produits sont restés équivalents à l'exception des charges de production des chaises S qui ont diminué.

Compte de résultat (avec charges par nature)

Charges		Produits	
Achats de matières premières	116 850,00	Ventes de marchandises	0,00
Variation de stocks	3 202,64	Production vendue	200 000,00
Autres achats et charges externes	3 300,00	Montant net du chiffre d'affaires	200 000,00
Variation de stocks	0,00	Production stockée	37 212,43 (b)
Salaires, traitements et charges sociales	47 800,00		
Dotations aux amortissements et aux dépréciations	9 200,00		
Charges financières	500,00		
Total charges	180 852,64	Total produits	237 212,43
Bénéfice	56 359,79		

(a) Les charges ne changent pas par rapport à l'exercice précédent car si certaines charges ne se retrouvent plus au niveau des ventes, elles se retrouvent au niveau de la production stockée.

(b) Par rapport à l'exercice précédent, il ne faut pas seulement faire la différence entre les flux entrant et sortant de produits finis. Il faut aussi ajouter la variation de stock d'en-cours. On obtient :

(19 601,40 – 8 380,42) + (14 831,10 – 10 500) + (66 014,63 – 55 795,64) + (52 321,85 – 45 122,75) + (4 242,26 – 0) = 37 212,43 €

Un moyen d'éliminer certaines erreurs est de vérifier si on retrouve le même résultat comptable en partant du résultat analytique (comme dans l'exercice précédent) :

Résultat comptable = Résultat analytique + Charges supplétives – Charges non incorporables
= (50 276,19 + 83,6) + 6 000 – 0 = 56 359,79 €.

THÈME 8

Les coûts à base d'activités (méthode ABC)

EXERCICE 17 Coûts à base d'activités et méthode des centres d'analyse

Une entreprise produit 3 biens à la demande : P1, P2 et P3 à partir de deux matières premières A et B. Elle est découpée en 5 centres d'analyse : Entretien et réparation, Approvisionnement, Atelier 1, Atelier 2 et Distribution. Dans l'atelier 1, la matière première A devient un produit intermédiaire I1, de même la matière première B devient un produit intermédiaire I2. Dans l'atelier 2, les produits intermédiaires sont assemblés. Vous disposez des informations suivantes relatives au mois passé :

	P1	P2	P3
Quantité produite et vendue	10 000	20 000	20 000
Matière première A consommée par produit (en kg)	1,00	1,50	1,50
Prix du kg de matière première A (en €)	2,50	2,50	2,50
Matière première B consommée par produit (en kg)	1,50	1,50	2,00
Prix du kg de matière première B (en €)	2,00	2,00	2,00
Nombre d'heures de MOD (a) par produit au niveau de l'Atelier 1	1	1,5	2
Prix de l'heure de MOD Atelier 1 (en €)	17	17	17
Nombre d'heures de MOD (a) par produit au niveau de l'Atelier 2	0,5	0,5	0,5
Prix de l'heure de MOD Atelier 2 (en €)	17	17	17
Nombre d'heures machine par produit	1,5	2	2

(a) MOD : main-d'œuvre directe.

Il n'y a pas de stock de matière première et de produits finis en début et fin de mois.

Tableau de répartition des charges indirectes

	Entretien et réparation	*Approvision-nement*	*Atelier 1*	*Atelier 2*	*Distribution*
Répartition primaire	150 000	300 000	360 000	380 000	360 000
Clé de répartition secondaire Entretien et réparation		20 %	40 %	20 %	20 %
Répartition Entretien et réparation					
Répartition secondaire					
Nature de l'UO (a)		**Kg de matière première achetée**	**Nombre d'heures de MOD**	**Nombre d'heures de machine**	**Quantité de produits vendus**
Nombre d'UO					
Coût de l'UO					

(a) UO : Unité d'œuvre.

- *Compléter le tableau de répartition des charges indirectes en arrondissement le coût de l'unité d'œuvre à 2 chiffres après la virgule.*
- *Quel est le coût de revient d'un produit P1, P2 et P3 durant le mois passé ?*

Il a été demandé à un consultant de réfléchir à l'application de la méthode des coûts à base d'activités (Activity Based Costing ou ABC). Le consultant a fait son analyse à partir des données du mois passé. Voici les principaux résultats dans le tableau de la page suivante.

Informations complémentaires sur le mois passé :

- *Le produit intermédiaire I1 a été fabriqué à partir de 0,5 kg de matière première A. Il faut 3 produits I1 pour un produit P1 et 4 produits I1 pour un produit P2 ou P3.*
- *Le produit intermédiaire I2 a été fabriqué à partir de 1 kg de matière première B. Il faut 2 produits I2 pour un produit P1 ou P2 et 3 produits I2 pour un produit P3.*
- *Les matières premières A et B ont été acheminées chacune dans l'entreprise en 4 fois.*
- *Les produits P1 sont commandés par lot de 20, les produits P2 par lot de 50 et les produits P3 par lot de 100.*

Pratiquer le regroupement des activités afin de calculer le coût des inducteurs puis calculer le nouveau coût de revient d'un produit P1, P2 et P3 durant le mois passé. Arrondir le coût des inducteurs à 2 chiffres après la virgule.

- *Que pensez-vous des différences de coût de revient observées selon la méthode utilisée ?*
- *Que pensez-vous du choix de l'inducteur de coût pour les activités Entretien et Réparation ?*

Tableau des résultats de l'étude relative à la mise en place de la méthode ABC

Centres d'analyse	*Activités*	*Part des charges indirectes liées à l'activité*	*Inducteurs de coût*
Entretien et réparation	*Entretien* *Réparation*	50 % 50 %	*Nombre de produits* *Nombre de produits*
Approvision-nement	*Transport* *Stockage* *Regroupement des matières premières par commande* *Approvisionnement de l'atelier 1*	40 % 20 % 20 % 20 %	*Nombre d'approvisionnements* *Kg de matière première achetée* *Nombre de commandes* *Nombre de commandes*
Atelier 1	*Gestion des commandes clients* *Traitement des matières premières* *Contrôle qualité* *Approvisionnement de l'atelier 2*	10 % 60 % 20 % 10 %	*Nombre de commandes* *Kg de matière première utilisée* *Nombre de produits intermédiaires* *Nombre de commandes*
Atelier 2	*Gestion des commandes clients* *Assemblage* *Contrôle qualité*	10 % 70 % 20 %	*Nombre de commandes* *Heures machine* *Nombre de produits*
Distribution	*Stockage* *Livraison*	20 % 80 %	*Nombre de produits* *Nombre de commandes*

CORRIGÉ

1 – Remplissage du tableau de répartition des charges indirectes

	Entretien et réparation	Approvision-nement	Atelier 1	Atelier 2	Distribution	Total
Répartition primaire	150 000	300 000	360 000	380 000	360 000	1 550 000
Clé de répartition secondaire Entretien et réparation		20 %	40 %	20 %	20 %	
Répartition Entretien et réparation	– 150 000	30 000	60 000	30 000	30 000	
Répartition secondaire	0	330 000	420 000	410 000	390 000	1 550 000
Nature de l'UO (a)		Kg de matière première achetée	Nombre d'heures de MOD	Nombre d'heures de machine	Quantité de produits vendus	
Nombre d'UO		155 000 (b)	80 000 (c)	95 000 (d)	50 000	
Coût de l'UO		2,13	5,25	4,32	7,8	

(a) UO : Unité d'Œuvre.
(b) 10 000 x (1 + 1,5) + 20 000 x (1,5 + 1,5) + 20 000 x (1,5 + 2).
(c) 10 000 x 1 + 20 000 x 1,5 + 20 000 x 2.
(d) 10 000 x 1,5 + 20 000 x 2 + 20 000 x 2 (on n'a pas d'information sur le coût d'une heure machine. On peut légitimement supposer que le coût des machines est compris dans les charges indirectes de l'atelier 2).

2 – Calcul du coût de revient d'un produit P1, P2 et P3 avec la méthode de coût complet traditionnelle (selon les centres d'analyse)

	P1			P2			P3			Total
	Quantité	Coût unitaire	Montant	Quantité	Coût unitaire	Montant	Quantité	Coût unitaire	Montant	
Charges directes										
Matière première A	10 000	2,50	25 000	30 000	2,50	75 000	30 000	2,50	75 000	175 000
Matière première B	15 000	2,00	30 000	30 000	2,00	60 000	40 000	2,00	80 000	170 000
MOD Atelier 1	10 000	17,00	170 000	30 000	17,00	510 000	40 000	17,00	680 000	1 360 000
MOD Atelier 2	5 000	17,00	85 000	10 000	17,00	170 000	10 000	17,00	170 000	425 000
Total charges directes	10 000	31,00	310 000	20 000	40,75	815 000	20 000	50,25	1 005 000	2 130 000

Charges indirectes										
Approvisionnement	25 000	2,13	53 250	60 000	2,13	127 800	70 000	2,13	149 100	330 150
Atelier 1	10 000	5,25	52 500	30 000	5,25	157 500	40 000	5,25	210 000	420 000
Atelier 2	15 000	4,32	64 800	40 000	4,32	172 800	40 000	4,32	172 800	410 400
Distribution	10 000	7,80	78 000	20 000	7,80	156 000	20 000	7,80	156 000	390 000
Total charges indirectes	10 000	24,86	248 550	20 000	30,71	614 100	20 000	34,40	687 900	1 550 550
Coût de revient	10 000	55,86	978 550	20 000	71,46	2 549 100	20 000	154,65	3 092 900	3 680 550

3 – Regroupement des activités par inducteur de coût et calcul du coût de revient

Centres de regroupement (CR)	Activités	Charges indirectes associées au CR	Nature de l'inducteur de coût	Nombre d'inducteurs de coût	Coût de l'inducteur
Centre de regroupement 1	Entretien	298 000 (a)	Nombre de produits	50 000	5,96 (b)
	Réparation				
	Contrôle qualité (atelier 2)				
	Stockage				
Centre de regroupement 2	Transport	120 000	Nombre d'approvisionnements	8	15 000
Centre de regroupement 3	Stockage	276 000	Kg de matière première achetée et utilisée	155 000	1,78
	Traitement des matières premières				
Centre de regroupement 4	Regroupement des matières premières par commande	518 000	Nombre de commandes	1 100	470,91
	Approvisionnement de l'atelier 1				
	Gestion des commandes clients (Atelier 1)				
	Approvisionnement de l'atelier 2				
	Gestion des commandes clients (Atelier 2)				
	Livraison				
Centre de regroupement 5	Contrôle qualité (atelier 1)	72 000	Nombre de produits intermédiaires	225 000	0,32
Centre de regroupement 6	Assemblage	266 000	Heures machine	95 000	2,80

(a) (50 % + 50 %) x 150 000 + 20 % x 380 000 + 20 % x 360 000 (On remarque qu'on part toujours du montant de la répartition primaire et non de la répartition secondaire. Il n'y a pas de répartition secondaire dans la méthode ABC).

(b) $\frac{298\ 000}{50\ 000}$.

	P1			P2			P3			Total
	Quantité	Coût unitaire	Montant	Quantité	Coût unitaire	Montant	Quantité	Coût unitaire	Montant	
Charges directes										
Matière première A	10 000	2,50	25 000	30 000	2,50	75 000	30 000	2,50	75 000	175 000
Matière première B	15 000	2,00	30 000	30 000	2,00	60 000	40 000	2,00	80 000	170 000
MOD Atelier 1	10 000	17,00	170 000	30 000	17,00	510 000	40 000	17,00	680 000	1 360 000
MOD Atelier 2	5 000	17,00	85 000	10 000	17,00	170 000	10 000	17,00	170 000	425 000
Total charges directes	10 000	31,00	310 000	20 000	40,75	815 000	20 000	50,25	1 005 000	2 130 000
Charges indirectes										
CR 1	10 000	5,96	59 600	20 000	5,96	119 200	20 000	5,96	119 200	298 000
CR 2	1,28 (a)	15 000	19 160	3,13	15 000	46 891	3,60	15 000	53 950	120 000
CR 3	25 000	1,78	44 500	60 000	1,78	106 800	70 000	1,78	124 600	275 900
CR 4	500	470,91	235 455	400	470,91	188 364	200	470,91	94 182	518 001
CR 5	35 000	0,32	11 200	90 000	0,32	28 800	100 000	0,32	32 000	72 000
CR 6	15 000	2,80	42 000	40 000	2,80	112 000	40 000	2,80	112 000	266 000
Total charges indirectes	10 000	41,19	411 915	20 000	30,10	602 055	20 000	26,80	535 932	1 549 901
Coût de revient	10 000	72,19	721 915	20 000	70,85	1 417 055	20 000	77,05	1 540 932	3 679 901

(a) $\frac{10\ 000 \times 1}{10\ 000 \times 1 + 20\ 000 \times 1{,}5 + 20\ 000 \times 1{,}5} \times 4 + \frac{10\ 000 \times 1{,}5}{10\ 000 \times 1{,}5 + 20\ 000 \times 1{,}5 + 20\ 000 \times 2} \times 4$ (proportion de matière première A multipliée par 4 livraisons plus proportion de matière première B multipliée par 4 livraisons).

Remarque : on peut vérifier que le total des charges indirectes des centres de regroupement fait environ 1 550 000 € (le montant du total des charges indirectes qu'on retrouve par exemple au niveau de la répartition primaire dans la méthode du coût complet par centres d'analyse). La différence provient de l'arrondi au niveau des coûts des inducteurs de coût.

4 – Analyse des différences de coût de revient observées entre la méthode des centres d'analyse et la méthode des coûts à base d'activités (ABC)

La méthode ABC est plus précise dans la fixation des coûts de revient car elle propose de nouveaux types d'indicateurs et procède à un découpage plus fin de l'organisation permettant de mettre en évidence, *a priori*, de meilleures relations de causalité pour comprendre d'où provient un coût et qu'est-ce qui induit l'augmentation des coûts.

Ainsi, on peut vérifier quel est l'écart dû à la méthode de coût complet traditionnelle (selon les centres d'analyse) en comparant avec le résultat qui aurait été obtenu avec une méthode plus précise, à savoir la méthode ABC.

Finalement, le coût de revient du produit P1 est sous-estimé de plus de 22 %

[(55,86 – 72,19) / 72,19], alors que les coûts de revient des produits P2 et P3 sont surestimés, respectivement de moins de 1 % [(71,46 – 70,85) / 70,85] et de presque 10 %

[(84,65 – 77,05) / 77,05]. Cet écart ne peut être considéré comme provenant d'une moindre affectation des charges indirectes (1 549 901 € au lieu de 1 550 550 €) mais provient d'une allocation différente des charges indirectes entre les produits.

Cet effet est encore plus important si on ne regarde que la variation des charges indirectes. Par exemple pour le produit P1, on obtient une sous-estimation du coût indirect de presque 40 % [(24,86 – 41,19) / 41,19]. L'effet est atténué par la présence de charges directes, qui sont des charges non affectées par la méthode de coût complet retenue. Par exemple pour le produit P1, les charges indirectes représentent environ 57 % (41,19 / 72,19) de l'ensemble des charges.

On retrouve ainsi l'effet d'environ 22 % : $\frac{55{,}86 - 72{,}19}{72{,}19} = \frac{24{,}86 - 41{,}19}{41{,}19} \times \frac{41{,}19}{72{,}19}$.

C'est pour le produit P1 que l'effet est le plus important (effet compensé au total par l'effet sur les produit P2 et P3 puisque le total des coûts ne change pas si on tient compte du problème des arrondis sur le coût d'UO et le coût des inducteurs : environ 6 620 000 €). En particulier, en introduisant un nouvel indicateur pour imputer les charges indirectes aux produits qui montre que les 10 000 produits P1 induisent plus de coûts que les 20 000 produits P2 ou P3 on modifie fortement le coût de revient d'un produit par rapport au système précédent où les indicateurs reflétaient assez fidèlement la quantité produite (chaque produit n'utilisant cependant pas exactement la même quantité de matières premières, de MOD ou d'heures machine). Pour les 10 000 produits P1, il faut 500 commandes (de 20 produits) alors que pour les 20 000 produits P2 et les 20 000 produits P3 il faut respectivement 400 commandes (de 50 produits) et 200 commandes (de 100 produits). Les 518 000 € de charges indirectes du centre de regroupement 4 vont ainsi aller fortement vers le produit P1 :

$\frac{500}{500 + 400 + 200} \approx 45{,}5$ % des 518 000 € sont pour le produit P1.

Le produit vendu en lots plus petits (P1) avait son coût subventionné par les produits vendus en lots plus grands (P2 et P3).

5 – Discussion du choix de l'inducteur de coût pour les activités Entretien et Réparation

On peut se poser la question de savoir si répartir les charges indirectes d'entretien et de réparation en fonction du nombre de produits est bien pertinent. N'a-t-on pas choisi l'indicateur le plus simple mais ne reflétant que très peu la bonne allocation, celle en fonction de ce qui induit le coût (notion d'inducteur) ? En n'ayant plus une répartition secondaire des charges indirectes, il faut arriver à imputer les charges indirectes aux produits sans passer par le transfert des charges des centres auxiliaires vers les centres principaux comme étape intermédiaire. Si les charges d'entretien et de réparation sont liées au personnel et aux machines de chaque centre ou activité, l'inducteur de coût ne semble pas particulièrement pertinent. Dans l'exercice, il manque cependant des informations pour pouvoir aller plus en avant dans l'analyse.

EXERCICE 18 Coûts à base d'activités

Une entreprise privée de vente de vêtements par Internet, Vêtements Accessibles à Tous (VAT), se pose la question du coût réel de ses envois. L'entreprise distinguait jusqu'à présent deux centres d'analyse. Le premier est lié à l'achat et à l'entreposage de vêtements de marque dans un grand entrepôt. Le second concerne les envois, depuis la réception de la commande jusqu'à la récupération des colis par La Poste et mobilise la majorité des employés de l'entreprise.

Jusqu'à présent, elle considérait que le coût indirect d'envoi était fonction du poids des différents vêtements envoyés. Pour le mois dernier, le coût indirect était ainsi de 2,5 €/kg.

Les coûts directs liés à l'envoi concernent la facturation des colis par La Poste ce qui représente 4 €/kg.

Le dirigeant de VAT demande à son contrôleur de gestion de lui appliquer une analyse par activité de ses envois. Après plusieurs observations sur le terrain et une vingtaine d'entretiens, le contrôleur de gestion en déduit l'analyse par activités suivante à partir des données du mois passé :

Activité	***Nature de l'inducteur de coût***	***Coût de l'inducteur***
Réception de la commande par le service informatique et transmission automatique sur l'écran électronique d'un des manutentionnaires s'occupant de la sélection des articles	*Nombre de commandes*	*0,50 €*
Sélection des articles dans le vaste entrepôt en fonction des commandes reçues et acheminement par charriot des vêtements mis dans un carton par commande jusqu'à la salle de mise en colis	*Nombre de vêtements séparés et non identiques (a)*	*0,70 €*
Mise des vêtements d'un carton dans un ou plusieurs colis selon la taille et le poids du contenu du carton	*Coefficient du vêtement (b)*	*0,15 €*
Facturation des colis à partir d'une machine prêtée par La Poste et entreposage des colis en attendant que des facteurs de La Poste viennent chercher les colis	*Nombre de colis*	*0,20 €*

(a) *Les vêtements sont considérés comme séparés lorsqu'ils ne sont pas vendus par lot. Ils sont considérés comme identiques lorsque tout est identique (couleur, taille, forme du vêtement et marque).*

(b) *Tous les vêtements n'ont pas le même encombrement et poids et n'induisent pas d'être isolés dans un colis. Aussi, le contrôleur de gestion préconise d'affecter un coefficient par vêtement pour refléter ces différents paramètres :*

Vêtement	***Coefficient***
Sous-vêtement	*1*
Pantalon, chemise, t-shirt, chemisier et robe	*2*
Veste	*3*
Manteau, costume et tailleur	*4*

- *Quelle a pu être la raison du maintien jusqu'à présent de la méthode actuelle de calcul du coût des envois ? Que pensez-vous de cette méthode au vu de l'étude du contrôleur de gestion ?*
- *Durant le mois dernier, quel était le coût d'une commande contenant un costume de 0,8 kg, 2 pantalons d'un poids total de 1,2 kg, 2 chemises d'un poids total de 0,7 kg et 4sous-vêtements d'un poids total de 0,6 kg ?*
- *Quel aurait été le coût de la même commande avec la nouvelle de méthode de coût à base d'activités (ABC) sachant qu'il a fallu trois colis pour la commande et que seuls les sous-vêtements sont par lot de 2 et identiques au sein du lot ?*
- *Quel a été le coût de la commande de 8 sous-vêtements identiques vendus par lot de 2, contenant dans un colis et pesant au total 1,2 kg avec la méthode actuelle de coût complet ? Quel aurait été son coût avec la méthode ABC ?*
- *À partir des deux commandes précédentes, expliquez le subventionnement croisé qui apparaît entre les commandes avec l'une des deux méthodes (méthode de coût complet traditionnelle ou méthode ABC).*
- *Si la méthode ABC est mise en place pour évaluer la rentabilité de ce type de commande, était-il pertinent de la mettre en place ?*
- *Que pensez-vous du choix de l'inducteur de coût pour la deuxième activité « sélection des articles » ? Argumentez sans chiffre et proposez au moins un autre inducteur de coût possible.*
- *Est-ce que la méthode ABC telle qu'elle est définie dans l'énoncé est facilement applicable dans l'entreprise VAT ? Avec votre nouvel indicateur, est-il toujours aussi facile d'appliquer la méthode ABC ? Quelles peuvent être les raisons justifiant de l'emploi de la méthode ABC à court terme mais d'une subsistance de la méthode de coût complet traditionnelle à long terme ?*
- *La dernière activité « facturation et entreposage des colis » comprend notamment des charges relatives à l'amortissement du lieu servant à l'entreposage. Quel coût aurait pu être plus pertinent d'un point de vue économique ? Quelle critique peut-on adresser à partir de cet exemple à la méthode ABC ?*

CORRIGÉ

1 – Raison du maintien de la méthode traditionnelle de coût complet jusqu'à présent et critiques

Une des raisons qui semble évidente est la simplicité de la méthode. Les coûts directs sont déjà en fonction des kilogrammes de vêtements. Une fois connu le poids de la commande, il suffit de la multiplier par 4 + 2,5 = 6,5 € pour estimer le coût d'envoi des vêtements.

En revanche, avec l'analyse du contrôleur de gestion, on remarque que le poids des vêtements est un mauvais indicateur de ce qui induit les coûts. Un seul des inducteurs de coût fait référence au poids. Le coefficient par vêtement est l'inducteur qui se rapproche le plus de l'indicateur de poids même s'il n'est pas défini exclusivement en fonction du poids mais aussi en fonction de l'encombrement. Le nombre de colis s'y rattache certainement un peu. Le nombre de commandes et le nombre de vêtements séparés et non identiques sont deux indicateurs qui n'ont rien à voir avec le poids.

2 – Coût de la première commande selon la méthode traditionnelle

Poids relatif aux vêtements de la commande : 0,8 + 1,2 + 0,7 + 0,6 = 3,3 kg

Coût direct d'envoi : 3,3 x 4 = 13,20 €

Coût indirect d'envoi : 3,3 x 2,5 = 8,25 €

Coût d'envoi de la commande : 3,3 x 6,5 = 21,45 €

3 – Coût de la première commande selon la méthode ABC

Poids relatif aux vêtements de la commande : 0,8 + 1,2 + 0,7 + 0,6 = 3,3 kg

Coût direct d'envoi : 3,3 x 4 = 13,20 €

Coût indirect d'envoi :

- Activité « réception de la commande » : 0,50 x 1 = 0,50 € (a)
- Activité « sélection des articles » : 0,70 x 7 = 4,90 € (b)
- Activité « mise en colis » : 0,15 x 16 = 2,40 € (c)
- Activité « facturation et entreposage » : 0,20 x 3 = 0,60 € (d)

Coût indirect : 8,40 €

Coût d'envoi de la commande : 21,60 €

(a) *On a une commande.*
(b) *Il y a 7 vêtements séparés et non identiques.*
(c) *On obtient un coefficient total de : 4 x 1 + (2 + 2) x 2 + 1 x 4 = 16.*
(d) *La commande a nécessité 3 colis.*

4 – Coût de la deuxième commande selon la méthode traditionnelle et selon la méthode ABC

Avec la méthode traditionnelle, on obtient :

Coût direct d'envoi : 1,2 x 4 = 4,80 €

Coût indirect d'envoi : 1,2 x 2,5 = 3,00 €

Coût d'envoi de la commande : 1,2 x 6,5 = 7,80 €

Avec la méthode ABC, on obtient :

Coût direct d'envoi : 1,2 x 4 = 4,80 €

Coût indirect d'envoi :

- Activité « réception de la commande » : 0,50 x 1 = 0,50 €
- Activité « sélection des articles » : 0,70 x 1 = 0,70 €
- Activité « mise en colis » : 0,15 x 8 = 1,20 €
- Activité « facturation et entreposage » : 0,20 x 1 = 0,20 €

Coût indirect : 2,60 €

Coût d'envoi de la commande : 7,40 €

5 – Explication du subventionnement croisé entre les commandes

Les charges indirectes de la première commande sont légèrement inférieures avec la méthode classique par rapport à la méthode ABC qui est plus précise. En revanche, pour la 2e commande les charges indirectes sont bien moins élevées avec la méthode ABC : 2,60 € au lieu de 3,00 €, soit une surestimation du coût indirect avec la méthode traditionnelle de (3,00 – 2,60) / 2,60 ≈ 15,38 %.

Les commandes simples – dans la mesure où elles ne nécessitent pas de chercher à des endroits divers de l'entrepôt différentes catégories de vêtements et qu'elles peuvent être envoyées en un seul colis – vont subventionner les commandes plus complexes. Cela est d'autant plus vrai que la commande simple a un poids important et que la commande complexe a un faible poids. Avec la méthode de coût complet traditionnelle, la commande complexe se verrait affecter un coût moins élevé que la commande simple alors que dans la méthode ABC la relation pourrait être inversée ou en tout cas rééquilibrée.

6 – Pertinence de la méthode ABC pour évaluer la rentabilité des commandes 1 et 2

Il faut relativiser ce qui a été dit à la question précédente au vu de la modification du coût d'envoi entraînée par le changement de méthode de coût complet. On passe pour la première commande de 21,45 € à 21,60 € [soit une sous-estimation du coût de (21,60 – 21,45) / 21,60 ≈ 0,69 %] et pour la deuxième commande de 7,80 € à 7,40 € [soit une surestimation du coût (7,80 – 7,40) / 7,40 ≈ 5,41 %]. Il faut encore tenir compte des autres coûts qui ne sont pas inclus ici : le coût d'achat des vêtements (prix d'achat plus entreposage et stockage de la marchandise). La sous ou surestimation du coût de revient induite par la méthode de coût classique par rapport à la méthode ABC qui est plus précise est ainsi bien inférieure à 5,41 % dans tous les cas. Sans compter que la première commande représente peut-être une commande plus habituelle pour l'entreprise VAT que la 2e et donc ce serait une sous-estimation du coût de revient de celle-ci qui pourrait poser problème : en donnant, par exemple, l'impression que la commande est rentable car inférieur au prix de vente alors qu'elle est en réalité supérieure.

7 – Discussion relative à l'inducteur de coût de l'activité « sélection des articles »

L'inducteur de coût proposé devrait expliquer comment se forme le coût indirect lié à la sélection des articles, leur mise en carton et leur acheminement jusqu'à la salle de mise en colis. Dans ces coûts indirects, on peut supposer qu'une grande partie est formée par des coûts de main-d'œuvre indirecte puisqu'il est évoqué la présence de manutentionnaires pour la sélection des articles. Le coût de cette activité qu'on devrait ainsi imputer à chaque commande va dépendre du temps consacré par les manutentionnaires à la recherche des vêtements dans l'entrepôt puis à leur acheminement. Plus les vêtements d'une même commande sont dispersés plus ce coût s'accroît pour la commande. La dispersion des articles est à prendre en compte. On aurait ainsi pu identifier des zones dans l'entrepôt et vérifier si les articles d'une même commande appartiennent à des zones différentes. Le principe est que : plus il y a de zones représentées dans la commande, plus on doit avoir d'inducteurs de coûts.

Remarque : pour minimiser le coût d'une commande, il faudrait certainement chercher à ce que les articles des commandes les plus habituelles soient regroupés.

8 – Discussion sur l'applicabilité de la méthode ABC

Il semble assez aisé de pouvoir retrouver chaque mois le montant de charges indirectes par activité si les ressources physiques et humaines utilisées sont différentes par activité. En revanche, une difficulté peut survenir si, par exemple, ce sont les mêmes personnes qui sélectionnent les articles et les mettent dans des colis. Il ne sera peut-être pas facile de répartir les charges entre ces deux activités. De même, si ce sont les mêmes personnes qui assurent la troisième activité de facturation et d'entreposage.

Par ailleurs, il faut voir si les indicateurs de coût sont facilement calculables et notamment s'il faut attendre la fin de la période pour connaître ce nombre d'inducteurs ou s'il est facile de les prévoir en fonction des différentes commandes de la période étudiée (ici : le mois passé). Les inducteurs définis dans l'énoncé et celui défini à la précédente question semblent assez faciles à obtenir automatiquement. Il faut que le système informatique comprenne les références des vêtements, que le coefficient des vêtements soit inclus et que la zone de l'entrepôt où est inclus le vêtement soit spécifiée. Le plus difficile à obtenir par avance est peut-être le nombre de colis nécessaire pour chaque commande. Par exemple, est-ce qu'il a été défini qu'une chemise ne doit pas être mise dans le même colis qu'un pantalon ? Un costume c'est un colis ? etc.

S'il faut vérifier chaque mois le nombre de colis qui a été utilisé, cet inducteur va peut-être nécessiter trop de temps pour être calculé au regard de l'arbitrage entre le temps consacré à recueillir l'information et la pertinence de l'information pour la décision.

La méthode ABC peut ainsi être utilisée à court terme pour mieux connaître à un instant t le coût réel d'un envoi et par exemple décider d'une nouvelle politique de tarification mais peut ne pas être utilisée à long terme en raison de la difficulté à obtenir toute l'information nécessaire chaque mois pour calculer le coût d'envoi par commande, par vêtement, etc. La méthode de coût complet traditionnelle reprend des centres d'analyse qui existent naturellement dans l'organisation car représentant des unités physiques. Il est ainsi facile d'affecter des charges indirectes (par rapport aux produits) directement à un centre d'analyse. Cette facilité d'obtention de l'information peut expliquer la préférence pour une méthode moins précise et plus facile à mettre en œuvre.

9 – Discussion sur la dotation aux amortissements de l'activité « facturation et entreposage des colis »

Il aurait été certainement plus pertinent d'un point de vue économique de considérer le coût d'opportunité plutôt que la dotation aux amortissements. Cette dernière est fixée en fonction de la valeur historique de l'entrepôt. Elle a pu changer de valeur. Par ailleurs, il peut être pertinent de voir l'alternative qui peut être faite en termes d'utilisation du lieu. Quel est le coût de ne pas être en juste-à-temps au niveau des colis en termes de perte d'espace pour le stockage de marchandises supplémentaires ? Si on arrive à réduire la quantité de colis en attente d'expédition, on pourrait peut-être se mettre à vendre des chaussures. Quel est le manque à gagner lié à l'absence de vente de chaussures ?

Si la méthode ABC est plus précise dans le calcul des coûts complets que la méthode traditionnelle des centres d'analyse, il n'en reste pas moins que l'information première utilisée par la méthode ABC est l'information comptable. Dans la mesure où celle-ci peut être éloignée de l'information économiquement pertinente, la méthode ABC n'est pas la panacée à tout problème d'évaluation du coût d'une activité, d'un bien, d'un service, etc.

THÈME 9

La variabilité des charges

EXERCICE 19 Coût variable et coût fixe de production

Vous disposez du programme de production et de vente de l'entreprise Dupont :

Mois	*Quantité produite ou à produire*	*Quantité vendue ou à vendre*
1	*20 000*	*18 000*
2 (a)	*25 000*	*24 000*
3	*30 000*	*28 000*
4	*40 000*	*44 000*

(a) Le mois passé.

Les coûts de production du mois passé (mois n° 2) sont de 220 000 € et ceux du mois d'avant (mois n° 1) sont de 200 000 €.

- *Quel devrait être le coût de production du mois présent (mois n° 3) si aucun investissement n'est fait et que rien ne vient justifier une augmentation du coût variable de production par produit par rapport aux deux mois précédents ?*
- *Faire la représentation graphique de la droite de coût de production en fonction des quantités. Mettre en évidence le pourcentage de coût variable et de coût fixe pour les 3 premiers mois. Expliquer l'évolution des coûts.*

  On suppose qu'un investissement de 120 000 € sera effectué au début du mois n° 4 et sera amorti linéairement sur une période de 5 ans.

- *Quel devrait être le coût de production pour le mois n° 4 ?*
  Le stock initial de produits finis pour le mois n° 1 est nul.
- *Quel est le coût de production des produits vendus durant le mois n° 2 si on applique la méthode FIFO ?*

CORRIGÉ

1 – Calcul du coût de production du mois présent (mois n° 3)

Il faut déduire la partie variable et la partie fixe du coût de production.

Soit X le coût variable unitaire et Y le coût fixe, on a le système d'équations suivant :

– 20 000 X + Y = 200 000

– 25 000 X + Y = 220 000

Donc X = 4 € et Y = 120 000 €

Pour le mois n° 3, on a donc un coût de production de : 30 000 x 4 + 120 000 = 240 000 €.

2 – Représentation graphique de la droite de coût de production et analyse des 3 premiers mois

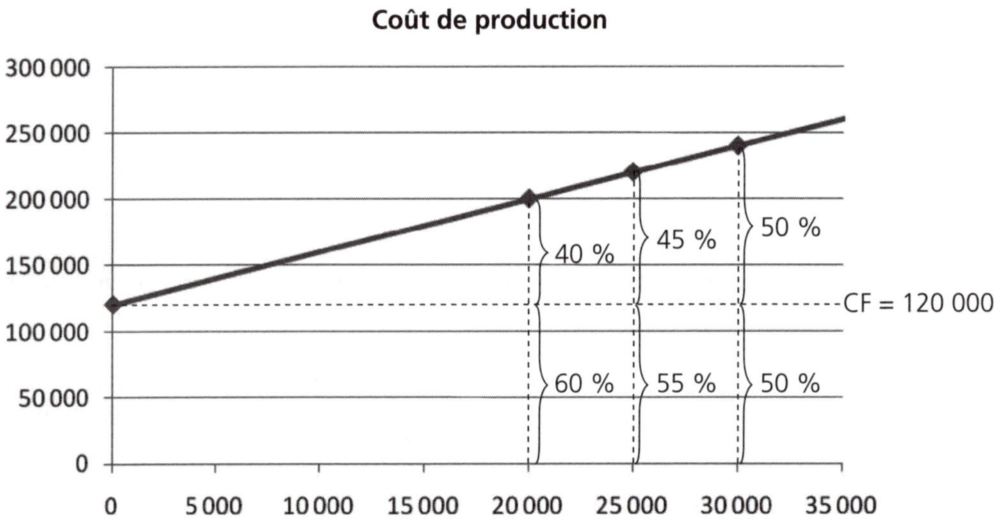

Plus la production est importante plus le coût fixe représente une part plus faible des coûts de production. Cela s'explique par la nature même des coûts fixes, à savoir de ne pas évoluer en fonction des quantités produites ou vendues tant qu'un certain palier n'est pas atteint.

3 – Calcul du coût de production du mois futur (mois n° 4)

Pour le mois n° 4, il faut tenir compte d'une augmentation du coût fixe mensuel due au supplément de dotation aux amortissements de $\frac{120\,000}{5 \times 12} = 2\,000$ €.

D'où coût de production du mois n° 4 : 40 000 x 4 + 120 000 + 2 000 = 282 000 €.

4 – Calcul du coût de production des produits vendus du mois passé (mois n° 2)

Coût de production des produits vendus :

– 2 000 produits fabriqués durant le mois n° 1 et non vendus vont être vendus durant le mois n° 2 :

$$2\,000 \times \left(4 + \frac{120\,000}{20\,000}\right) = 20\,000 \text{ €}$$

– 22 000 produits fabriqués durant le mois n° 2 vont être vendus durant le mois n° 2 :

$$22\,000 \times \left(4 + \frac{120\,000}{25\,000}\right) = 193\,600 \text{ €}$$

D'où un coût de production des produits vendus de 213 600 €.

EXERCICE 20 Coût de revient variable et fixe

L'entreprise Georges produit un bien A. Vous possédez les informations du mois dernier pour un produit A :

– coût variable unitaire de production : 15 €

– coût fixe unitaire de production : 20 €

– coût variable unitaire de distribution : 10 €

– coût fixe unitaire de distribution : 10 €

La quantité produite durant le mois dernier était de 20 000 unités et la quantité vendue était de 30 000 unités.

Le stock initial du mois présent est nul.

- *Quel est le coût de revient d'un produit A si la quantité produite et vendue durant le mois présent est de 25 000 unités ?*
- *Sachant que le prix de vente du produit est de 60 €, quelle doit être la quantité produite et vendue X durant le mois pour que le bénéfice représente 20 % du chiffre d'affaires ?*

CORRIGÉ

1 – Calcul du coût de revient d'un produit A pour une quantité produite et vendue de 25 000 unités

Coût de revient d'un produit A : $15 + \frac{20 \times 20\,000}{25\,000} + 10 + \frac{10 \times 30\,000}{25\,000} = 53$ €.

2 – Calcul de la quantité produite et vendue X relative à un bénéfice de 20 % du chiffre d'affaires

Si le prix est de 60 € et le bénéfice est de 20 % du chiffre d'affaires alors le coût de revient unitaire doit être de : 60 x (1 – 20 %) = 48 € or le coût de revient est égal à :

$$15 + \frac{20 \times 20\,000}{X} + 10 + \frac{10 \times 30\,000}{X}$$

D'où $X = \frac{700\,000}{23} = 30\,435$ unités produites et vendues durant le mois.

THÈME 10

L'imputation rationnelle des charges fixes

EXERCICE 21 Imputation rationnelle des charges fixes

Le responsable d'une usine a défini les données suivantes pour les 6 mois à venir relativement au seul produit A fabriqué dans l'usine :

Consommation de matière première par produit A : 0,5 kg

Prix du kg de matière première : 3 €

Nombre d'heures de main-d'œuvre par produit : 0,5

Coût de l'heure de main-d'œuvre : 20 €

Coût mensuel du responsable et des assistants : 10 000 €

Amortissement mensuel des 5 machines : 230 000 €

Capacité de production mensuelle par machine : 10 000 produits A

Activité normale : 80 % des capacités de production

On considérera que le coût mensuel du responsable et des assistants correspond à un montant relatif à l'activité normale.

- *Quel est le coût de production d'un produit A sans imputation rationnelle si la production mensuelle est de 30 000 produits ?*
- *Quel est le coût de production d'un produit A avec imputation rationnelle si la production mensuelle est de 30 000 produits ?*
- *Comparer le coût de production de 30 000 produits A avec et sans imputation rationnelle. À quoi est due la différence ?*
- *Quel est le coût de production d'un produit A avec imputation rationnelle si la production mensuelle est de 42 000 produits ? A-t-on un coût de sous-activité ou un gain de suractivité ? Quel est son montant ?*

- *À partir de l'activité normale il est fixé un prix de cession des produits départ usine comprenant un bénéfice de 10 % des ventes. Quel est ce prix ?*

Finalement la production réelle des 6 mois a été :

Mois	Production en nombre de produits A
1	29 000
2	30 000
3	30 000
4	32 000
5	28 000
6	31 000

Cette production moyenne de 30 000 produits A par mois devrait perdurer dans le temps.

- *Quel est le vrai bénéfice en pourcentage des ventes par mois ?*
- *Quel est le coût de sous-activité par mois ?*
- *Quelle mesure devrait prendre le responsable usine après ces 6 mois ? Quelle modification dans la méthode de l'imputation rationnelle cela induit-il ?*

CORRIGÉ

1 – Calcul du coût de production d'un produit A sans imputation rationnelle

$$\text{Coût de production unitaire} = 0{,}5 \times 3 + 0{,}5 \times 20 + \frac{10\,000 + 230\,000}{30\,000} = 19{,}5 \text{ €}$$

2 – Calcul du coût de production d'un produit A avec imputation rationnelle

$$\text{Coefficient d'imputation rationnelle} = \frac{\text{Activité prévue}}{\text{Activité normale}} = \frac{30\,000}{0{,}8 \times 5 \times 10\,000} = \frac{3}{4}$$

Charges fixes imputées = Charges fixes constatées x coefficient d'imputation rationnelle

$$= (10\,000 + 230\,000) \times \frac{3}{4} = 180\,000 \text{ €}$$

D'où : Coût de production unitaire $= 0,5 \times 3 + 0,5 \times 20 + \frac{180\ 000}{30\ 000} = 17,5$ €

Autre calcul :

Coût de production unitaire $= 0,5 \times 3 + 0,5 \times 20 + \frac{10\ 000 + 230\ 000}{40\ 000} = 17,5$ €

Le coût de production unitaire, avec imputation rationnelle, n'est pas fonction du volume de production réel ou attendu. Il est défini en fonction de l'activité normale.

Le coût de sous-activité n'est pas directement imputé au produit A.

3 – Comparaison du coût de production de 30 000 produits A avec et sans imputation rationnelle

Sans imputation rationnelle, on obtient : 19,5 x 30 000 = 585 000 €.

Avec imputation rationnelle, on trouve : 17,5 x 30 000 = 525 000 €.

La différence de 60 000 € est relative au coût de sous-activité. L'activité normale est 40 000 produits fabriqués dans le mois (5 x 10 000 x 80 %). On a donc produit 10 000 produits de moins que la « normale ».

$$\text{Coût fixe unitaire normal} = \frac{10\ 000 + 230\ 000}{40\ 000} = 6 \text{ €}$$

D'où le coût fixe non imputé au produit A est : 6 x 10 000 = 60 000 €.

4 – Calcul du coût de production d'un produit A avec imputation rationnelle

Le coût de production unitaire n'est pas fonction du volume de production mais de l'activité réelle. On doit donc retrouver le même montant de 30 €.

$$\text{Coefficient d'imputation rationnelle} = \frac{\text{Activité prévue}}{\text{Activité normale}} = \frac{42\ 000}{0,8 \times 5 \times 10\ 000} = 1,05$$

Charges fixes imputées = Charges fixes constatées x coefficient d'imputation rationnelle
= (10 000 + 230 000) x 1,05 = 252 000 €

D'où : Coût de production unitaire $= 0,5 \times 3 + 0,5 \times 20 + \frac{252\ 000}{42\ 000} = 17,5$ €

Autre calcul :

Coût de production unitaire $= 0,5 \times 3 + 0,5 \times 20 + \frac{10\ 000 + 230\ 000}{40\ 000} = 17,5$ €

L'activité prévue est supérieure à l'activité normale donc on a un gain de suractivité égal à : (42 000 – 40 000) x 6 = 12 000 €.

5 – Calcul du prix de cession d'un produit A

On a remarqué précédemment que le coût de production unitaire avec l'imputation rationnelle ne change pas en fonction du volume de production. Ceci permet de fixer un prix stable dans le temps.

Ici, le prix est : $\frac{17,5}{1 - 10\ \%} \approx 19,44$ €.

6 – Calcul du bénéfice en pourcentage des ventes par mois

On calcule ici le coût de production unitaire sans imputation rationnelle afin d'avoir le bénéfice réel et non avant coût de sous-activité.

Mois	Coût de production unitaire	Prix de vente	Bénéfice ou perte unitaire	Bénéfice ou perte en pourcentage des ventes
1	19,78 €	19,44 €	– 0,34 €	– 1,7 %
2	19,50 €	19,44 €	– 0,06 €	– 0,3 %
3	19,50 €	19,44 €	– 0,06 €	– 0,3 %
4	19,00 €	19,44 €	0,44 €	2,3 %
5	20,07 €	19,44 €	– 0,63 €	– 3,2 %
6	19,24 €	19,44 €	0,20 €	1,0 %

Seuls deux mois mettent en évidence un bénéfice et celui-ci est dans les deux cas bien en deçà de celui espéré (10 % des ventes) car on n'atteint jamais le niveau d'activité normale.

7 – Calcul du coût de sous-activité par mois

Mois	Coût fixe unitaire normal	Différence : activité normale – activité réelle	Coût de sous-activité
1	6 €	11 000 unités	66 000 €
2	6 €	10 000 unités	66 000 €
3	6 €	10 000 unités	60 000 €
4	6 €	8 000 unités	48 000 €
5	6 €	12 000 unités	72 000 €
6	6 €	9 000 unités	54 000 €

On se retrouve systématiquement avec un coût de sous-activité car on n'atteint jamais l'activité normale. Il faudrait se poser la question de la réduction de la capacité de production pour ne plus être en sous-activité avec le coût que cela entraîne.

8 – Mesure à prendre après constat de la différence entre activité réelle et activité normale

L'activité normale reflète une prévision moyenne. Or, ici, on n'atteint pas en moyenne une activité de 40 000 produits A fabriqués par mois mais une activité réelle moyenne de 30 000 produits A.

Il faut donc revenir sur la définition de l'activité normale. On remarque qu'avec 4 machines on aurait une capacité de production suffisante, même en tenant compte d'une utilisation à 80 % de leur capacité. Il faudrait donc revendre une machine si on considère qu'on produira durablement en deçà de 32 000 produits par mois (4 x 10 000 x 80 %).

Par ailleurs, si on considère que la production mensuelle moyenne sera de 30 000 produits A, il faut considérer que l'activité normale est relative à 30 000 produits soit 4 machines avec une utilisation à 75 % des capacités de production.

THÈME 11

Révision des méthodes de coût complet

Les QCM sont des questions à choix multiple. À chaque question posée, il vous est proposé différentes réponses parmi lesquelles il vous faut cocher aucune réponse, une réponse juste, plusieurs réponses justes, ou toutes les réponses. Ce sont donc des questions fermées auxquelles vous devez répondre rapidement avec un temps de réflexion limité.

EXERCICE 22 15 questions à choix multiple

1 – *Le coût de production des produits vendus est fonction :*

❐ a. du coût de production de la période
❐ b. de la quantité vendue
❐ c. de la quantité produite
❐ d. de la valeur du stock initial
❐ e. de la méthode de valorisation des stocks

2 – ***Les méthodes de valorisation des stocks (FIFO, LIFO et CUMP) servent à valoriser :***

- ❒ a. le stock initial
- ❒ b. la quantité achetée ou produite
- ❒ c. le stock final
- ❒ d. la quantité consommée ou vendue

3 – ***Une charge indirecte peut être :***

- ❒ a. directement imputée à une activité
- ❒ b. directement imputée à un centre d'analyse
- ❒ c. imputée sans clé de répartition entre les produits
- ❒ d. imputée aux produits en fonction du nombre d'heures de main-d'œuvre indirecte consommé par produit

4 – ***Le coût d'achat d'une entreprise transformant une matière première achetée comprend :***

- ❒ a. le coût de transport de la matière première
- ❒ b. le coût de stockage de la matière première
- ❒ c. les frais de douane de la matière première importée
- ❒ d. le prix d'achat de la matière première

5 – ***La méthode ABC mobilise les notions suivantes :***

- ❒ a. la répartition primaire et secondaire des charges indirectes
- ❒ b. le coût de l'unité d'œuvre
- ❒ c. le coût indirect par activité
- ❒ d. le coût direct par activité

6 – ***Le résultat du calcul du coût conjoint du sous-produit sert à :***

- ❒ a. définir la rentabilité du sous-produit
- ❒ b. définir le coût de production du produit principal
- ❒ c. définir les coûts spécifiques du sous-produit

7 – *Un sous-produit est :*

❐ a. un produit dérivé
❐ b. un produit vendable
❐ c. un déchet ou un rebut
❐ d. vendu avec un produit principal

8 – *Le coût de revient unitaire d'un produit est fonction :*

❐ a. du volume de production
❐ b. du volume de vente
❐ c. des charges de distribution
❐ d. du coût de production des produits vendus
❐ e. des charges exceptionnelles

9 – *Sans différence d'inventaire, différence d'arrondis et produits non incorporés, le résultat comptable d'une entreprise est égal :*

❐ a. aux résultats analytiques des différents produits ou services de l'entreprise
❐ b. aux résultats analytiques des différents produits ou services de l'entreprise plus les charges supplétives moins les charges non incorporées
❐ c. aux résultats analytiques des différents produits ou services de l'entreprise moins les charges supplétives plus les charges non incorporées
❐ d. aux résultats analytiques des différents produits ou services moins les charges exceptionnelles plus le coût des capitaux propres

10 – *Les coûts de l'emballage servant aux produits fabriqués et vendus par l'entreprise peuvent être :*

❐ a. affectés au coût de production des produits finis
❐ b. affectés au coût de distribution des produits vendus
❐ c. distincts du coût des produits finis ou vendus

11 – *Le prix de cession interne sert à :*

- ❒ a. connaître le chiffre d'affaires d'une entreprise ou d'un groupe
- ❒ b. valoriser les ventes entre entités d'un groupe
- ❒ c. connaître la performance des entités d'un groupe

12 – *Le prix de cession interne peut être fixé en fonction :*

- ❒ a. du prix de marché
- ❒ b. du coût réel
- ❒ c. du coût marginal
- ❒ d. du coût standard avec coût de distribution sur le marché
- ❒ e. du coût standard sans coût de distribution sur le marché

13 – *La méthode des points extrêmes est :*

- ❒ a. une méthode qui permet d'anticiper les coûts de revient extrêmes
- ❒ b. une méthode qui simplifie le calcul du coût variable unitaire et du coût fixe d'une période
- ❒ c. une méthode qui permet de déterminer quand un coût fixe change
- ❒ d. une méthode visant à éviter de prendre en compte des coûts aberrants

14 – *L'imputation rationnelle des charges fixes permet :*

- ❒ a. de ne plus imputer aux produits une part des coûts fixes
- ❒ b. de faire apparaître un nouveau coût fonction de l'écart entre activité réelle et activité normale
- ❒ c. de décomposer le coût fixe en deux autres coûts
- ❒ d. de considérer le coût de revient après imputation comme variable en fonction du volume de production et de vente
- ❒ e. de considérer le coût de revient unitaire après imputation comme fixe par rapport au volume de production et de vente
- ❒ f. de fixer un prix de vente en fonction d'un coût de revient unitaire après imputation constant et d'un bénéfice constant en pourcentage des ventes

15 – *Les méthodes de coût complet selon les centres d'analyse et selon les activités sont essentielles pour :*

- ❒ a. faire des prévisions de coût selon l'évolution du chiffre d'affaires
- ❒ b. connaître la rentabilité d'un produit
- ❒ c. connaître la formation du coût d'un produit vendu
- ❒ d. connaître la formation du coût d'un produit stocké

CORRIGÉ

1 – Bonnes réponses : ❒ a ❒ b ❒ c ❒ d ❒ e

Pour calculer le coût de production des produits vendus il faut passer par le compte de stock (ou fiche de stock) des produits finis, à savoir qu'il faut déterminer la valeur du flux entrant (coût de production de la période) et du stock initial, les quantités produites (flux physique entrant) et vendue (flux physique sortant) et la méthode de valorisation des flux sortants (produits vendus) et du stock final.

2 – Bonnes réponses : ❒ c ❒ d

S'il s'agit d'un compte de matières premières, on parlera de quantité achetée et de quantité consommée. S'il s'agit d'un compte de produits finis, on parlera de quantité produite et de quantité vendue.

Dans tous les cas, la méthode de valorisation des stocks ne sert qu'à valoriser le flux sortant (quantité consommée ou vendue) et le stock final.

3 – Bonnes réponses : ❒ a ❒ b

Une charge indirecte l'est par rapport à un produit ou un service mais est généralement imputable directement à un centre d'analyse ou à une activité. Une des raisons d'utiliser la méthode du coût complet selon les centres d'analyse est la facilité de calcul du coût par centre d'analyse. Un centre d'analyse est généralement un centre physique (entrepôt, atelier, usine, magasin, immeuble, etc.). La plupart des personnes ou machines ne sont ainsi liées qu'à un seul centre d'analyse d'où la possibilité d'imputer directement un coût indirect à un centre d'analyse.

4 – Bonnes réponses : ❒ a ❒ c ❒ d

Le coût d'achat ne comprend pas que le prix d'achat. Il est relatif à l'ensemble des coûts depuis l'achat de produits jusqu'à son stockage. Le coût de stockage n'est, en revanche, pas inclus.

5 – Bonne réponse : ❒ c

Les notions de répartition primaire, de répartition secondaire et de coût d'unité d'œuvre sont exclusivement liées à la méthode du coût complet selon les centres d'analyse.

Il n'existe pas de répartition secondaire dans la méthode ABC. La répartition des charges indirectes n'a lieu qu'entre activités puis centres de regroupement. La clé de répartition des charges indirectes entre produits est nommée « inducteur de coût ». On calcule donc un coût d'inducteur (de coût) et non un coût d'unité d'œuvre.

La méthode ABC est une méthode alternative de répartition des charges indirectes entre produits par rapport à la méthode de coût complet selon les centres d'analyse. Les charges directes ne sont pas affectées par la méthode de coût complet choisie.

6 – Bonne réponse : ❒ b

Le calcul du coût conjoint d'un sous-produit suppose connus : le prix de vente du sous-produit, le bénéfice du sous-produit, le coût de distribution du sous-produit et le coût spécifique (ou complémentaire) du sous-produit. Le résultat de ce calcul permet de déduire du coût total de production ce coût conjoint afin de trouver le coût de production du produit principal.

7 – Bonnes réponses : ❒ a ❒ b

Un sous-produit est une catégorie de produits dérivés et est vendu séparément de tout autre produit d'où le calcul du coût conjoint d'un sous-produit à partir de son prix de vente. Un déchet ou un rebut est une autre catégorie de produits dérivés : les produits résiduels. Il n'est pas nécessaire pour cette catégorie de définir un coût spécifique ou complémentaire. S'ils sont vendus, ils le sont sans transformation.

8 – Bonnes réponses : ❒ a ❒ b ❒ c ❒ d

Le coût de revient unitaire peut fortement varier d'une période à une autre en raison du changement de volume de production et de vente car il inclut des coûts fixes de production et de distribution. Le coût de revient n'inclut pas de charges exceptionnelles. Ce sont des charges non incorporables, à savoir qu'elles ne renseignent pas sur le coût de production et de vente d'un produit dans des conditions normales d'exploitation.

9 – Bonne réponse : ❒ b

Aux charges de la comptabilité financière, il faut rajouter les charges supplétives et retirer les charges non incorporables. Si on part du résultat analytique, donc produits moins coûts de la comptabilité de gestion, pour obtenir le résultat de la comptabilité financière, il faut rajouter les charges supplétives (pour les annuler) et retirer les charges non incorporables (car non encore incorporées).

10 – Bonnes réponses : ❒ a ❒ b ❒ c

Si l'emballage n'est pas récupérable, selon le moment où il est ajouté aux produits fabriqués et vendus, il peut se retrouver dans le coût de production du produit fini ou dans le coût de distribution du produit vendu.

Si l'emballage est récupérable, son coût est distinct de celui des produits fabriqués et vendus.

11 – Bonnes réponses : ❒ b ❒ c

Le prix de cession interne est relatif à un prix de vente en interne donc il n'est pas incorporé au chiffre d'affaires de l'entreprise ou du groupe. En revanche, il permet de créer un marché au sein de l'entreprise ou du groupe et de montrer la performance des différentes entités de l'entreprise ou du groupe. Par exemple, on évalue la performance par différence entre un prix de cession interne fixé selon des coûts prévisionnels et un coût réel.

12 – Bonnes réponses : ❒ a ❒ b ❒ c ❒ e

Le prix de cession interne n'incorpore pas un coût de distribution d'un produit auprès d'autres entreprises car il correspond à un prix de vente entre entités de l'entreprise. Une entité qui vend un produit en interne et auprès d'autres entreprises peut faire apparaître une différence entre son prix de cession interne et son prix de vente sur le marché en raison d'économies de transport lorsque les biens sont vendus en interne.

13 – Bonne réponse : ❒ b

La méthode des points extrêmes est une méthode consistant à définir le coût variable unitaire et le coût fixe en ne retenant que les deux points extrêmes de coût de production (ou de coût total) afin de pouvoir tracer une droite qui donnera le coût fixe quand la droite coupe l'axe des ordonnées et le coût variable unitaire avec la tangente de l'angle formé par la droite et une droite horizontale. On suppose que cette droite approxime assez bien le nuage de points représentant les coûts de production (ou totaux) sur plusieurs périodes.

14 – Bonnes réponses : ❒ a ❒ b ❒ c ❒ d ❒ e ❒ f

L'imputation rationnelle des charges fixes permet de scinder le coût fixe en deux composantes. L'une est rattachée au coût d'un produit et l'autre permet de déterminer un coût de sous-activité ou un gain de suractivité. En faisant cela, le coût de revient unitaire après imputation rationnelle des charges fixes devient constant par rapport au volume de vente car on impute à chaque produit le même montant de coût fixe quelle que soit l'activité, à savoir le montant de coût fixe de la période divisé par la quantité relative à l'activité normale de la période.

15 – Bonnes réponses : ❒ b ❒ c ❒ d

La méthode de coût complet n'est pas adaptée à des prévisions de coût en fonction de l'évolution de l'activité car elle ne fait pas la distinction entre coûts variables et coûts fixes. La distinction au sein de la méthode de coût complet est entre les coûts directs et les coûts indirects.

Que le produit fini soit stocké ou vendu on connaît son coût de production ou son coût de revient grâce à la méthode de coût complet.

PARTIE 2

Les coûts partiels

THÈME 12

La méthode des coûts variables

EXERCICE 23 Marge sur coûts variables et compte de résultat différentiel

M. Bertrand, chef d'entreprise, se demande s'il doit continuer à produire et commercialiser un de ses jeux de société : Développement durable. Son responsable commercial lui présente ce produit comme étant sans équivalent sur le marché et correspondant aux goûts actuels des joueurs occasionnels, clientèle qui n'est pas le cœur de cible de l'entreprise.

Selon le responsable industriel, l'exploitation de Développement durable se fait aux conditions suivantes :

Charges variables :

- *matières premières : 1 € (par produit) ;*
- *sous-traitance auprès d'un même fournisseur de la fabrication d'un plateau de jeu, de pions en plastique et d'un jeu de cartes par produit Développement durable, prix d'achat du plateau, des pions et du jeu de cartes : 8 € l'ensemble ;*
- *charges de transport du produit : 30 000 € (par an).*

Charges fixes :

- *amortissement de la machine nécessaire à la fabrication des pièces pour Développement durable : 20 000 € (par an) ;*
- *charges de personnel : 80 000 € (par an) ;*
- *autres charges de structure : 20 000 € (par an).*

Selon le responsable commercial, les conditions de vente seraient les suivantes :

– ventes prévues : 10 000 produits (par an) ;

– prix unitaire : 24 € ;

– frais de publicité : 1 000 € (par mois).

- *Sachant que la quantité vendue est aussi la quantité produite et qu'il n'y a pas de stock initial, calculer le taux de marge sur coût variable, la marge sur coût variable et le résultat analytique du jeu. Que peut-on en déduire ?*

- *Sachant que les coûts fixes imputés au jeu Développement durable sont liés à du personnel et du matériel utilisés pour la production et la vente de l'ensemble des jeux de société, a-t-on intérêt à cesser la production et la vente du jeu ?*

  Le directeur marketing propose oralement une baisse du prix de 10 % mais n'a pas eu le temps de chiffrer ses répercussions.

- *De combien faut-il augmenter les quantités vendues pour que cette baisse devienne intéressante ?*

  Les autres jeux de la société ont donné lieu aux données financières suivantes pour l'année précédente :

	Rue du Louvre	***Jupiter***
Chiffre d'affaires	*300 000 €*	*800 000 €*
Coût variable direct	*80 000 €*	*300 000 €*
Coût variable indirect	*20 000 €*	*100 000 €*
Coût fixe direct	*100 000 €*	*150 000 €*
Coût fixe indirect	*50 000 €*	*100 000 €*

- *Établir le compte de résultat de la société pour l'année précédente selon la méthode des coûts variables (ou représenter le compte de résultat différentiel).*

CORRIGÉ

1 – Calcul du taux de marge sur coût variable, de la marge sur coût variable et du résultat analytique pour Développement durable

Coût variable unitaire : CVu = 1 + 8 + 30 000 / 10 000 = 12 €

Taux de marge sur coût variable : m = MCV / CA = (P – CVu) / P = (24 – 12) / 24 = 50 %

Marge sur coût variable : MCV = CA – CV = m x CA = 50 % x 24 x 10 000 = 120 000 €

Résultat analytique : R = MCV – CF = 120 000 – (20 000 + 80 000 + 20 000 + 1 000 x 12)
= – 12 000 €

Le taux de marge sur coût variable permet de savoir qu'il reste 50 % du chiffre d'affaires une fois que les charges variables sont déduites. Ces 50 % vont ainsi servir à couvrir les charges fixes et à sécréter un résultat. Ici, le montant de chiffre d'affaires est trop faible pour pouvoir couvrir les charges fixes.

On ne peut pas déduire directement de ce résultat analytique négatif qu'il faut supprimer le produit car toutes les charges ne vont pas disparaître (par exemple, en général : les coûts fixes indirects).

En revanche, on peut en déduire qu'il faut augmenter le prix de vente (au-delà de 24 €), diminuer le coût variable unitaire (en deçà de 12 €) et/ou tenter d'accroître les ventes pour abaisser mécaniquement le coût fixe unitaire (en deçà de 132 000 / 10 000 = 13,2 €).

En l'absence d'informations sur les coûts fixes susceptibles de disparaître si on supprime le jeu *Développement durable* ou si on considère que tous les coûts fixes vont continuer à perdurer après la suppression du jeu, la marge sur coût variable est le bon indicateur pour savoir s'il faut supprimer le jeu. La marge sur coût variable est positive donc il faut continuer à produire et vendre *Développement durable.*

2 – Analyse de la décision de supprimer ou non le jeu *Développement durable*

On sait dorénavant que l'ensemble des charges fixes sont indirectes. À moins de spécifications contraires il n'y a pas de raison de penser qu'on va pouvoir diminuer certaines de ces charges en cessant la production et la vente du jeu *Développement durable*. Il faut donc regarder la seule marge sur coût variable pour savoir si on doit supprimer ce jeu. Elle est positive (MCV = 120 000 €) donc on garde ce jeu.

3 – Calcul de l'augmentation nécessaire des quantités vendues pour que la baisse de 10 % du prix devienne intéressante

La politique de tarification n'a pas d'influence sur les charges fixes. Il suffit donc de regarder l'évolution de la marge sur coût variable pour prendre la décision. La baisse du prix de 10 % devient intéressante quand la nouvelle marge sur coût variable est supérieure à l'ancienne :

$$MCV' = (P' - CVu') \times Q' = [24 \times (1 - 10\ \%) - 12] \times Q' > 120\,000$$

$$\text{Donc } Q' > \frac{120\,000}{21{,}6 - 12} = 12\,500 \text{ jeux.}$$

Il faut que les quantités vendues augmentent de plus de 2 500 jeux (25 %) pour que la baisse de 10 % du prix devienne intéressante, à savoir que le résultat analytique du jeu augmente.

4 – Représentation du compte de résultat différentiel de la société (montants en €)

	Développement durable	Rue du Louvre	Jupiter	Total
Chiffre d'affaires	240 000	300 000	800 000	1 340 000
Coût variable	120 000	100 000	400 000	620 000
Marge sur coût variable	120 000	200 000	400 000	720 000
Taux de marge sur coût variable	50 %	2/3	50 %	53,73 %
Coût fixe				532 000
Résultat analytique				188 000

EXERCICE 24 Méthode des coûts variables et seuil d'indifférence

Reprendre les données et les réponses de l'exercice précédent jusqu'à la question 2

Le directeur marketing pense qu'en ajoutant un DVD au jeu Développement durable il pourrait se vendre 27 € (au lieu des 24 € actuellement). Ceci nécessiterait de faire appel à une prestation externe pour nous aider à réaliser le DVD interactif ce qui coûterait au total 20 000 € et d'acquérir du matériel pour graver qu'on amortira pour un montant annuel de 20 000 €. Par ailleurs, il faudra acheter des DVD vierges et des étiquettes auto-collantes avec un logo couleur du jeu dessus pour un montant total par DVD réalisé de 1 € (les autres coûts demeurant inchangés).

- *Quelle quantité de ce produit faudrait-il vendre pour que le résultat analytique du jeu Développement durable avec DVD soit supérieur au résultat analytique du jeu sans DVD ?*
- *Avait-on besoin d'aller jusqu'au résultat analytique du jeu Développement durable pour prendre la décision d'incorporer ou non un DVD dans le jeu ?*
- *Sachant que le jeu Développement durable avec DVD serait vendu durant au moins 2 ans s'il est décidé de vendre ce produit, est-ce que la règle de décision définie à la question 1 change ?*

CORRIGÉ

1 – Calcul de la quantité de jeux *Développement durable* qu'il faudrait vendre pour qu'il soit rentable d'ajouter un DVD

Nous allons déterminer les équations de résultat du jeu *Développement durable* afin de trouver la quantité à partir de laquelle il devient préférable d'ajouter un DVD au jeu.

Le système d'équations à résoudre est le suivant :

Sans DVD : R = (24 – 12) x Q – 132 000 (équation 1)

Avec DVD : R = (27 – 12 – 1) x Q – 132 000 – (20 000 + 20 000)

= 14 x Q – 172 000 (équation 2)

On obtient une quantité Q = 20 000 jeux. Lorsqu'on vend plus de 20 000 jeux *Développement durable* par an on réalise un résultat plus grand avec DVD que sans DVD. On remarquera qu'on n'a rien dit sur le signe du résultat (bénéfice ou perte). C'est une autre problématique.

On aurait aussi pu fixer R (sans DVD) à – 12 000 € au lieu de l'équation 1. On aurait obtenu une quantité de 11 429 jeux en résolvant le nouveau système d'équations (équation 2 et R = – 12 000). On aurait ainsi obtenu la même perte avec une quantité plus grande ce qui signifie que si on prévoit de continuer à vendre 10 000 jeux par an il ne faut pas ajouter de DVD.

2 – Justification de la possibilité de ne pas calculer le résultat analytique du jeu *Développement durable* pour prendre la décision

Au lieu des équations 1 et 2, nous aurions pu prendre la seule partie qui varie dans ces équations :

Sans DVD : Marge = (24 – 12) x Q (équation 1 bis)

Avec DVD : Marge = (27 – 12 – 1) x Q – 40 000 (équation 2 bis)

La quantité obtenue est la même. En revanche, on ne pourra pas comparer la seconde équation avec le résultat analytique – 12 000 €.

3 – Nouvelle règle de décision en sachant que le jeu Développement durable avec DVD serait vendu durant au moins deux ans

L'équation 2 ou 2 bis est changée dans la mesure où on ne prend plus les 20 000 € de conception du DVD mais on amortit une partie chaque année. En effet, on peut considérer ces charges comme une forme d'investissement en R&D et envisager que, dans un but de comparabilité des résultats d'une année sur l'autre, il faut lisser cette dépense. Ainsi, si on considère qu'on amortit sur deux ans les 20 000 € de conception du DVD, l'équation 1 devient :

R = (27 – 12 – 1) x Q – 132 000 – (20 000 / 2 + 20 000).

Il en résulte une quantité moins grande à vendre pour qu'il soit intéressant d'inclure le DVD dans le jeu (soit Q = 15 000 jeux).

EXERCICE 25 Compte de résultat avec méthode des coûts complets et compte de résultat différentiel

La société Speed fabrique et commerciale 2 types de vélos : les vélos de ville et les vélos de sport. Au sein de l'entreprise, il y a deux grandes divisions : l'unité industrielle et l'unité commerciale. Le responsable financier a l'habitude de gérer les coûts par produit selon la méthode des coûts complets. Voici les données financières relatives aux années N et N+1 :

Unité industrielle

	Année N			Année N+1		
	Quantité produite	Coût de production unitaire (en €)		Quantité produite	Coût de production unitaire (en €)	
		Coût direct unitaire	Coût indirect unitaire		Coût direct unitaire	Coût indirect unitaire
Vélo de ville	15 000	50	200	20 000	70	210
Vélo de sport	12 000	80	220	15 000	100	240

Le stock initial de vélos en année N est nul.

Le stock initial de matières premières est nul en N, N+1 et N+2.

La méthode de valorisation des sorties de stock est la méthode PEPS ou FIFO (premier entré, premier sorti ou first in, first out).

Unité commerciale

	Année N			Année N+1		
	Quantité vendue	Coût de distribution unitaire (en €)		Quantité vendue	Coût de distribution unitaire (en €)	
		Coût direct unitaire	Coût indirect unitaire		Coût direct unitaire	Coût indirect unitaire
Vélo de ville	13 000	60	90	18 000	40	110
Vélo de sport	10 000	60	90	16 000	40	110

Le prix de vente en année N et N+1 est de 420 € pour les vélos de ville et de 500 € pour les vélos de sport.

- *Quel est le résultat analytique par produit et total qu'a dû trouver le responsable financier pour les années N et N+1 ?*

Dans la perspective de passer à une analyse des produits selon la méthode des coûts partiels, une étude a été faite afin de répartir différemment les charges. Voici les tableaux synthétisant les résultats de cette étude :

Année N

		Coût variable	Coût fixe	Total
Vélo de ville	Coût direct de production	50 %	50 %	100 %
	Coût indirect de production	25 %	75 %	100 %
	Coût direct de distribution	50 %	50 %	100 %
	Coût indirect de distribution	20 %	80 %	100 %
Vélo de sport	Coût direct de production	50 %	50 %	100 %
	Coût indirect de production	30 %	70 %	100 %
	Coût direct de distribution	60 %	40 %	100 %
	Coût indirect de distribution	20 %	80 %	100 %

Année N+1

		Coût variable	Coût fixe	Total
Vélo de ville	Coût direct de production	60 %	40 %	100 %
	Coût indirect de production	30 %	70 %	100 %
	Coût direct de distribution	60 %	40 %	100 %
	Coût indirect de distribution	10 %	90 %	100 %
Vélo de sport	Coût direct de production	60 %	40 %	100 %
	Coût indirect de production	40 %	60 %	100 %
	Coût direct de distribution	70 %	30 %	100 %
	Coût indirect de distribution	25 %	75 %	100 %

- *Établir le compte de résultat différentiel pour les années N et N+1.*
- *Comment expliquez-vous la différence obtenue au niveau du résultat analytique de l'entreprise dans les réponses à la question 2 par rapport à la question 1 ?*

CORRIGÉ

1 – Calcul du résultat analytique pour les années N et N+1 selon la méthode des coûts complets

Remarque : dans le coût de production nous avons le coût d'achat des matières consommées, qui est ici égal au coût d'achat des matières achetées puisque les stocks initiaux et finaux sont nuls en N et N+1.

Tableau 1 : Calcul du coût de production des produits vendus (en €)

	Vélo de ville		Vélo de sport	
	N	N+1	N	N+1
Coût de production de la période	3 750 000 (a)	5 600 000	3 600 000	5 100 000
Valeur du stock initial de produits finis	0	500 000 (c)	0	600 000
Valeur du stock final de produits finis	500 000 (b)	1 120 000 (d)	600 000	340 000
Coût de production des produits vendus	3 250 000	4 980 000 (e)	3 000 000	5 360 000

(a) 15 000 x (50 + 200)
(b) (15 000 – 13 000) x (50 + 200)
(c) Reprendre le stock final de la période précédente
(d) Comme nous sommes dans la méthode FIFO l'ensemble du stock final sera ici valorisé aucoût de production unitaire de la période :
Stock final = Production + Stock initial – Ventes = (20 000 + 2 000 – 18 000) x (70 + 210) = 1 120 000 €
On appelle le stock initial plus la production (soit le flux entrant) le stock disponible.
(e) Il y a 2 formules pour le calcul :
Coût de production des produits vendus = Coût de production de la période – Variation du stock de produits finis
ou dans la méthode FIFO si les ventes en volume sont supérieures au stock initial en volume (ici, 18 000 > 2 000) :
Coût de production des produits vendus = Stock initial en valeur + (Ventes en volume – Stock initial en volume) x coût de production unitaire de la période = 500 000 + (18 000 – 2 000) x (70 + 210) = 4 980 000 €

Tableau 2 : Calcul du résultat analytique par produit et de la société pour l'année N (en €)

	Vélo de ville	Vélo de sport	Total
Chiffre d'affaires	5 460 000	5 000 000	10 460 000
Coût de production des produits vendus	3 250 000	3 000 000	6 250 000
Coût de distribution	1 950 000 (a)	1 500 000	3 450 000
Résultat analytique	260 000	500 000	760 000

(a) 13 000 x (60 + 90)

Tableau 3 : Calcul du résultat analytique par produit et de la société pour l'année N+1 (en €)

	Vélo de ville	Vélo de sport	Total
Chiffre d'affaires	7 560 000	8 000 000	15 560 000
Coût de production des produits vendus	4 980 000	5 360 000	10 340 000
Coût de distribution	2 700 000	2 400 000	5 100 000
Résultat analytique	– 120 000	240 000	120 000

2 – Représentation du compte de résultat différentiel pour les années N et N+1

On va maintenant considérer l'ensemble des coûts fixes comme des coûts de période, à savoir qu'on ne va inclure que les charges variables de production dans la valeur des stocks de produits finis. Les coûts fixes de production ne sont plus « attachés » à un produit. À l'inverse de la méthode des coûts complets, ils ne sont plus des coûts de produit.

Tableau 4 : Calcul du coût variable de production des produits vendus (en €)

	Vélo de ville		Vélo de sport	
	N	N+1	N	N+1
Coût variable de production de la période	1 125 000 (a)	2 100 000 (c)	1 272 000 (f)	2 340 000 (g)
Valeur du stock final de produits finis	0	150 000	0	212 000
Valeur du stock final de produits finis	150 000 (b)	420 000 (d)	212 000	156 000
Coût variable de production des produits vendus	975 000	1 830 000 (e)	1 060 000	2 396 000

(a) 15 000 x (50 x 50 % + 200 x 25 %) = 15 000 x 75
(b) 2 000 x 75
(c) 20 000 x (70 x 60 % + 210 x 30 %) = 20 000 x 105
(d) (20 000 + 2 000 – 18 000) x 105
(e) 2 100 000 + 150 000 – 420 000
ou 2 000 x 75 + (18 000 – 2 000) x 105
(f) 12 000 x (80 x 50 % + 220 x 30 %) = 12 000 x 106
(g) 15 000 x (100 x 60 % + 240 x 40 %) = 15 000 x 156

Tableau 5 : Représentation du résultat différentiel pour l'année N (en €)

	Vélo de ville	Vélo de sport	Total
Chiffre d'affaires	5 460 000	5 000 000	10 460 000
Coût variable de production des produits vendus	975 000	1 060 000	2 035 000
Coût variable de distribution	624 000 (a)	540 000 (b)	1 164 000
Marge sur coût variable	3 861 000	3 400 000	7 261 000
Coût fixe			7 239 000 (c)
Résultat d'exploitation			22 000

(a) 13 000 x (60 x 50 % + 90 x 20 %) = 13 000 x 48
(b) 10 000 x (60 x 60 % + 90 x 20 %) = 10 000 x 54
(c) Par différence entre les coûts de production de la période des tableaux 1 et 4 on retrouve le montant de coûts fixes de production :
(3 750 000 – 1 125 000) + (3 600 000 – 1 272 000) = 4 953 000 €
De même, on peut faire la différence au niveau des coûts de distribution à partir des tableaux 2 et 5 :
(1 950 000 – 624 000) + (1 500 000 – 540 000) = 2 286 000 €

Tableau 6 : Représentation du résultat différentiel pour l'année N+1 (en €)

	Vélo de ville	Vélo de sport	Total
Chiffre d'affaires	7 560 000	8 000 000	15 560 000
Coût variable de production des produits vendus	1 830 000	2 396 000	4 226 000
Coût variable de distribution	630 000 (a)	888 000 (b)	1 518 000
Marge sur coût variable	5 100 000	4 716 000	9 816 000
Coût fixe			9 842 000 (c)
Résultat d'exploitation			– 26 000

(a) 18 000 x (40 x 60 % + 110 x 10 %) = 18 000 x 35
(b) 16 000 x (40 x 70 % + 110 x 25 %) = 16 000 x 55,5
(c) Par différence entre les coûts de production de la période des tableaux 1 et 4 on retrouve le montant de coûts fixes de production :
(5 600 000 – 2 100 000) + (5 100 000 – 2 340 000) = 6 260 000 €
De même, on peut faire la différence au niveau des coûts de distribution à partir des tableaux 3 et 6 :
(2 700 000 – 630 000) + (2 400 000 – 888 000) = 3 582 000 €

3 – Explication de la différence entre les résultats analytiques obtenus à la question 1 et à la question 2

Pour l'année N, on obtient 760 000 € avec un compte de résultat selon la méthode des coûts complets et 22 000 € avec un compte de résultat selon la méthode des coûts variables. L'explication vient du fait qu'une partie des coûts fixes part dans les stocks dans la méthode des coûts complets mais ce n'est pas le cas dans la méthode des coûts partiels.

La différence de 738 000 € se retrouve donc naturellement dans la différence au niveau du stock final de produits finis : (500 000 + 600 000) – (150 000 + 212 000) = 738 000 € (voir tableaux 1 et 4).

De même pour l'année N+1, on obtient une différence de 120 000 – (– 26 000) = 146 000 €. On peut expliquer cette différence par deux faits distincts.

Dans le compte de résultat selon la méthode de coûts complets, on récupère des coûts fixes de production par le biais du stock initial et non dans le compte de résultat différentiel : ceci explique un supplément de coûts de 738 000 € pour le compte de résultat selon la méthode de coûts complets (par rapport à l'autre méthode).

Dans le compte de résultat selon la méthode de coûts complets, une partie des coûts fixes de production de la période part dans le stock final et donc n'a pas d'influence sur le résultat à l'inverse du compte de résultat de différentiel : ceci explique une déduction de coûts de (1 120 000 + 340 000) – (420 000 + 156 000) = 884 000 € (voir tableaux 1 et 4) pour le compte de résultat selon la méthode de coûts complets (par rapport à l'autre méthode).

Au final c'est donc bien une différence de résultat de 884 000 – 738 000 = 146 000 € qu'on doit trouver entre le compte de résultat selon la méthode de coûts complets et le compte de résultat selon la méthode de coûts variables (ou compte de résultat différentiel).

THÈME 13

Le risque d'exploitation : seuil de rentabilité, marge de sécurité et levier opérationnel

EXERCICE 26 Seuil de rentabilité en volume et en valeur

Soit une entreprise industrielle mono-produit dont les coûts fixes annuels sont relatifs à :
– une machine d'une valeur de 2 000 000 € amortie sur 4 ans ;
– des loyers d'un montant total de 30 000 € ;
– des charges de personnel de 360 000 € ;
– une consommation d'énergie de 10 000 €.

Le coût variable unitaire du produit comprend :
– 10 € de consommation d'énergie ;
– 5 € de consommation de matières premières.

Le prix de vente unitaire du produit fabriqué est de 35 €.

- *Représenter graphiquement le seuil de rentabilité en volume et en valeur en utilisant l'axe des ordonnées pour représenter le chiffre d'affaires et les coûts.*
- *Déterminer le seuil de rentabilité en volume à partir de l'équation de résultat.*
- *Déterminer le seuil de rentabilité en valeur à partir de l'équation de résultat.*

CORRIGÉ

1 – Représentation graphique du seuil de rentabilité en volume et en valeur

$$\text{Coût fixe (CF)} = \frac{2\,000\,000}{4} + 30\,000 + 360\,000 + 10\,000 = 900\,000\ €$$

Coût variable unitaire (CVu) = 10 = 5 = 15 €

Afin de faire le graphique avec en abscisse le volume de ventes et en ordonnée le chiffre d'affaires et le coût total (coût variable + coût fixe), il faut déterminer au moins deux points pour chaque droite.

Le plus rapide à calculer est celui pour un volume de ventes nul, si Q = 0 unité alors CA = 0 et CT = CF = 900 000 €.

Si Q = 50 000 unités alors CA = 50 000 x 35 = 1 750 000 €
et CT = 50 000 x 15 + 900 000 = 1 650 000 €.

Graphique de détermination du seuil de rentabilité

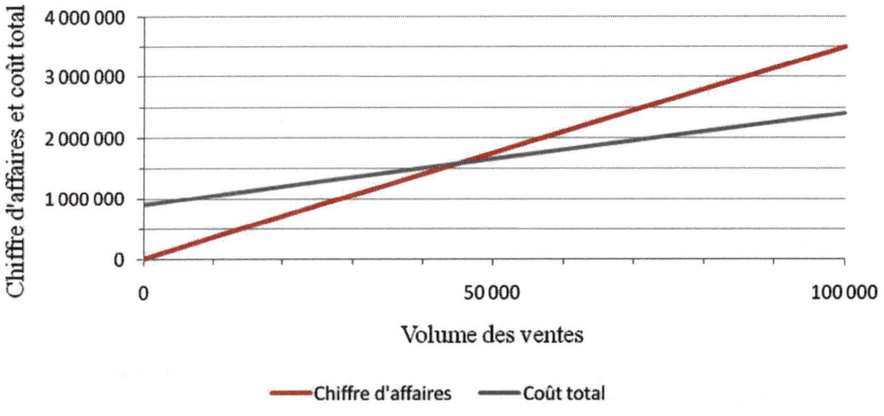

Le seuil de rentabilité en volume est autour de 45 000 unités. En valeur, il est un peu au-dessus de 1 500 000 €.

2 – Détermination du seuil de rentabilité en volume à partir de l'équation de résultat

L'équation de résultat pour trouver le seuil de rentabilité doit distinguer le coût variable et le coût fixe :

R = CA – CV – CF = 35 x Q – 15 x Q – 900 000

Si R = 0 alors :

$$Q = \frac{CF}{P - CVu} = \frac{CF}{MCVu} = \frac{900\ 000}{35 - 15} = 45\ 000 \text{ unités}$$

D'où SR (en volume) = 45 000 unités

3 – Détermination du seuil de rentabilité en valeur à partir de l'équation de résultat

Il faut exprimer l'équation de résultat en fonction du chiffre d'affaires.

R = CA – CV – CF avec CV en pourcentage du chiffre d'affaires

Ou R = m x CA – CF avec m : taux de marge sur coût variable

$$CVu = 15\ € \text{ et } P = 35\ € \text{ donc CV (en \% du CA)} = \frac{15}{35} \approx 42{,}86\ \%$$

$$\text{Et } m = \frac{35 - 15}{35} \approx 1 - 42{,}86\ \% = 57{,}14\ \%$$

Afin de trouver le seuil de rentabilité de façon la plus précise possible on évitera les arrondis :

Si R = 0 alors :

$$m \times CA - CF = \frac{20}{35} \times CA - 900\ 000 = 0$$

donc :

$$CA = \frac{CF}{m} = 900\ 000 \times \frac{35}{20} = 1\ 575\ 000\ €$$

D'où SR (en valeur) = 1 575 000 €

Vérification :

Une fois que vous avez le seuil de rentabilité en volume il suffit de le multiplier par le prix, à savoir : CA = 45 000 x 35 = 1 575 000 €.

EXERCICE 27 Seuil de rentabilité avec situation de subvention

Une petite association nantaise d'aide aux chômeurs édite notamment un petit ouvrage visant à aider à la réinsertion des chômeurs de longue durée. Pour cela, elle est aidée financièrement par la mairie. Elle reçoit un montant annuel de 12 000 €. En contrepartie de cette aide, la mairie lui demande d'assurer son équilibre financier sur cette activité. Les coûts fixes mensuels de fabrication qui sont imputés à l'ouvrage sont de 300 €. Une petite association nantaise d'aide aux chômeurs édite notamment un petit ouvrage visant à aider à la réinsertion des chômeurs de longue durée. Pour cela, elle est aidée financièrement par la mairie. Elle reçoit un montant annuel de 12 000 €. Une petite association nantaise d'aide aux chômeurs édite notamment un petit ouvrage visant à aider à la réinsertion des chômeurs de longue durée. Pour cela, elle est aidée financièrement par la mairie. Elle reçoit un montant annuel de 12 000 €. En contrepartie de cette aide, la mairie lui demande d'assurer son équilibre financier sur cette activité. Les coûts fixes mensuels de fabrication qui sont imputés à l'ouvrage sont de 300 €. Les coûts fixes mensuels de distribution qui sont imputés à l'ouvrage sont de 200 €. Pour chaque ouvrage, il faut compter un coût variable de 4 € lié aux différentes matières premières consommées. Le prix de vente est de 2 €.

■ *Combien de livres peuvent être édités et vendus au maximum chaque année par cette association ?*

CORRIGÉ

L'équation générale du résultat avec subvention est la suivante :

R = CA + Subvention – CV – CF

= MCV + Subvention – CF

Si on remplace par les valeurs on obtient donc :

R = (2 – 4) x Q + 12 000 – (200 + 300) x 12

R = – 2 x Q + 6 000

Le seuil de rentabilité sur un an est donc :

$$\text{SR (en volume)} = \frac{6\,000}{2} = 3\,000 \text{ ouvrages}$$

EXERCICE 28 Seuil d'indifférence

Reprendre les données de l'exercice 26.

Un nouvel investissement de 3 000 000 € serait possible. Il serait amorti sur 6 ans et il permettrait de réduire la partie variable de la consommation d'énergie de 50 %.

- *Représenter sous forme graphique le volume de ventes à partir duquel il est intéressant de faire l'investissement (seuil d'indifférence) en faisant apparaître les coûts sur l'axe des ordonnées.*
- *Durant l'année passée, le volume de ventes a été de 80 000 unités. Est-il pertinent d'investir ? Sinon de combien doit augmenter durant l'année en pourcentage le volume de ventes pour que la décision d'investir devienne pertinente ?*
- *Les prévisions pour l'année en cours sont de 125 000 unités vendues. Quelle est la marge d'erreur tolérable dans la prévision pour que la décision d'investir soit pertinente ?*

CORRIGÉ

1 – Représentation graphique du seuil d'indifférence (en volume) entre faire et ne pas faire l'investissement

Nous avons déjà la droite de coûts totaux sans investissement :

$$CT_1 = 15 \times Q + 900\,000$$

Il faut définir la droite relative aux coûts totaux avec investissement.

Le nouveau coût variable unitaire est :

$$CVu2 = 10 \times (1 - 50\ \%) + 5 = 10\ €.$$

Le nouveau coût fixe est :

$$CF2 = 900\,000 + \frac{3\,000\,000}{6} = 1\,400\,000\ €.$$

Donc la nouvelle équation du coût total est :

$$CT_2 = 10 \times Q + 1\,400\,000$$

Détermination du seuil d'indifférence

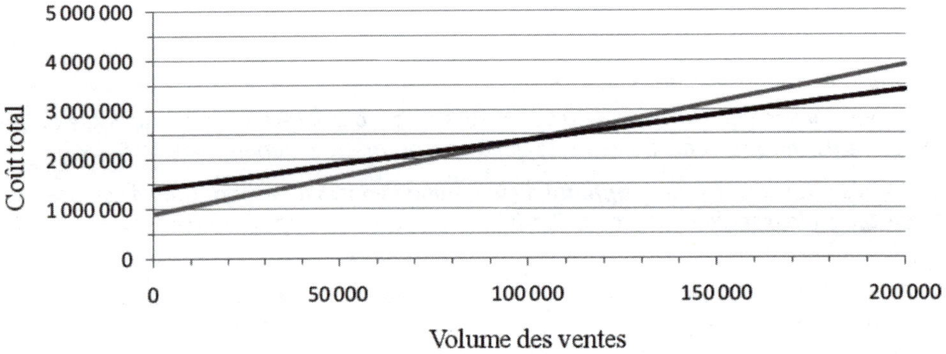

À partir du graphique, on en déduit que le seuil d'indifférence est d'environ 100 000 unités vendues.

En résolvant le système à deux équations et une inconnue, on trouve :

$$Q = \frac{CF2 - CF1}{CVu1 - CVu2} = \frac{1\,400\,000 - 900\,000}{15 - 10} = 100\,000 \text{ unités}$$

2 – Évaluation de la pertinence d'investir pour une quantité de 80 000 unités

Le seuil d'indifférence étant à 100 000 unités, il n'aurait pas été pertinent d'investir l'année passée. Le coût total augmenterait. Il faut que la quantité vendue augmente d'au moins 25 % $\left(\frac{100\,000 - 80\,000}{80\,000}\right)$ sur un an pour qu'il devienne intéressant de faire l'investissement de 3 000 000 € sur six ans.

3 – Évaluation de la marge d'erreur pour une prévision de 125 000 unités

La marge d'erreur de la prévision peut être au maximum de – 20 % $\left(\frac{100\,000 - 125\,000}{125\,000}\right)$.

EXERCICE 29 Seuil de rentabilité avec saisonnalité des ventes

ProtectSol est une société qui vend des stores électriques. Elle prévoit pour l'année civile prochaine un volume de ventes de 8 000 stores. Le prix de vente sera de 300 €. Le coût variable unitaire sera de 100 € et le coût fixe sera de 1 000 000 €.

La répartition des ventes en volume sur le marché des stores électriques sur l'année est la suivante :

Janv.	Fév.	Mars	Avril	Mai	Juin	Juillet	Août	Sept.	Oct.	Nov.	Déc.
2 %	2 %	5 %	8 %	10 %	20 %	20 %	15 %	8 %	5 %	2 %	3 %

- *Quand le seuil de rentabilité devrait-il être atteint durant l'année prochaine ? Résoudre algébriquement.*
- *Retrouver le seuil de rentabilité précédemment calculé par le biais d'une représentation graphique mettant en évidence la droite de coût fixe.*
- *Que peut-on dire sur le seuil de rentabilité en temps si le prix baisse de 10 % ?*

CORRIGÉ

1 – Calcul du seuil de rentabilité en temps

Il y a différentes façons de procéder :

- soit on compare le chiffre d'affaires et le coût variable pour chaque mois pour savoir ce qu'il reste comme marge sur coût variable et ainsi savoir à quel moment elle va être égale au coût fixe (méthode 1) ;
- soit on passe directement par la marge sur coût variable unitaire et on garde les pourcentages de vente pour savoir quand la marge sur coût variable égale le coût fixe (méthode 2).

Méthode 1 : calcul par mois

Tableau 1 : calcul du chiffre d'affaires, du coût variable et de la marge sur coût variable par mois (en milliers d'euros par mois)

	Janv.	Fév.	Mars	Avril	Mai	Juin	Juillet	Août	Sept.	Oct.	Nov.	Déc.
CA	48 (a)	48	120	192	240	480	480	360	192	120	48	72
CV	16 (b)	16	40	64	80	160	160	120	64	40	16	24
MCV	32	32	80	128	160	320	320	240	128	80	32	48
MCV cumulée	32	64	144	272	432	752	1 072	1 312	1 440	1 520	1 552	1 600

(a) 8 000 x 2 % x 300 = 48 000 €
(b) 8 000 x 2 % x 100 = 16 000 €

À partir du tableau, on constate que durant le mois de juillet, on dépasse le million d'euros de coût fixe et donc qu'on commence à sécréter un résultat positif.

Si on veut être plus précis, on fait une extrapolation linéaire :

- on doit couvrir un montant de coût fixe de 1 000 000 – 752 000 = 248 000 € durant le mois de juillet ;
- on réalise une marge sur coût variable de 320 000 € durant le mois de juillet ;
- si on suppose qu'on réalise la même marge sur coût variable chaque jour du mois de juillet, on atteindra alors le seuil de rentabilité le 25e jour $\left(\frac{248\,000}{320\,000} \times 31 = 24{,}025\right)$ du mois de juillet.

Méthode 2 : recherche du pourcentage de ventes relatif au seuil de rentabilité

Si on exprime le coût variable en pourcentage des ventes, cela donne :

$$\text{CV (en \% du CA)} = \frac{CV}{CA} = \frac{CVu}{P} = \frac{100}{300} = 1/3 \text{ (ou 33,33 \%)}$$

$$\text{MCV (en \% du CA)} : m = 1 - \text{CV (en \% du CA)} = 2/3 \text{ (ou 66,67 \%)}$$

L'équation du résultat s'écrit donc :

$$R = MCV - CF = 2/3 \times CA - 1\,000\,000$$

D'où si R = 0 alors SR = 1 500 000 €

Par ailleurs, SR = X x CA annuel avec X le pourcentage de ventes nécessaire pour atteindre le seuil de rentabilité.

D'où :

$$X = \frac{1\,500\,000}{300 \times 8\,000} = 62{,}5\ \%$$

À partir du tableau de l'énoncé, on peut remarquer qu'on atteint 47 % des ventes fin juin et 67 % des ventes fin juillet, donc le seuil de rentabilité est atteint en juillet.

Si on veut être précis, on applique l'extrapolation linéaire. On atteint le seuil de rentabilité le 25e jour de juillet $\left(\frac{62{,}5\ \% - 47\ \%}{67\ \% - 47\ \%} \times 31 = 24{,}025\right)$.

2 – Résolution graphique pour le seuil de rentabilité en temps

En reprenant le tableau 1, on peut tracer la courbe de marge sur coût variable cumulée et observer quand elle croise la droite de coût fixe. En abscisse, nous avons numéroté les mois et en ordonnée, nous avons la marge sur coût variable et le coût fixe.

Graphique de détermination du seuil de rentabilité

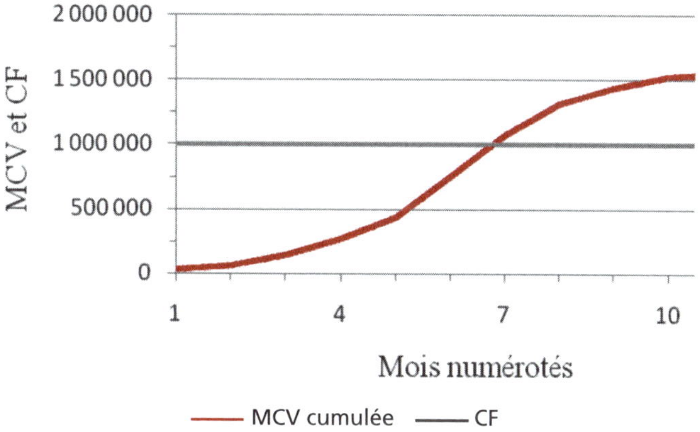

Nous avons les valeurs relatives à la fin du mois donc on atteint le seuil de rentabilité avant la fin du mois de juillet (le septième mois).

3 – Calcul du seuil de rentabilité en temps avec une baisse du prix de 10 %

Le nouveau prix est : P = 300 x (1 – 10 %) = 270 €.

On peut reprendre les deux précédentes méthodes. Si on reprend la seconde :

$$\text{MCV (en \% du CA)} = \frac{P - CVu}{P} = \frac{270 - 100}{270} = \frac{17}{27} \text{ (ou 62,96 \%)}$$

$$SR = \frac{CF}{m} = \frac{1\ 000\ 000}{17/27} \approx 1\ 588\ 236\ € \text{ (en arrondissant à l'€ supérieur)}$$

$$X = \frac{27\ 000\ 000}{300 \times 8\ 000} \approx 66{,}18\ \%$$

Le seuil de rentabilité est atteint le 30e jour $\left(\frac{66,18\ \% - 47\ \%}{67\ \% - 47\ \%} \times 31 = 29,729\right)$ de juillet. La baisse de 10 % du prix a donc une faible influence sur le seuil de rentabilité. Il faut 6 jours de plus (29,729 – 24,025 = 5,704) pour atteindre le seuil de rentabilité.

EXERCICE 30 Seuil de rentabilité en volume et en temps

Vous avez décidé de vous lancer dans une activité de formation au GMAT. Les débuts de votre entreprise sont prometteurs et devant la demande croissante de formation, vous vous demandez si vous avez intérêt à développer votre activité en ayant recours à un nouveau formateur. Vous prévoyez que cette personne vous coûtera 35 000 € par an (toutes charges et taxes comprises). Il n'est pas prévu de prime ou d'intéressement aux bénéfices pour cette personne. Chaque cours donné par votre entreprise dure une heure et demi et concerne une vingtaine de personnes payant chacune 35 € HT. Le taux de remplissage de 100 % est toujours assuré avec la contrainte de déplacer certains cours pour être sûr d'atteindre l'effectif (20 personnes). La nouvelle personne travaillerait 35 heures par semaine et 47 semaines par an. En raison d'autres activités annexes, de la contrainte de remplissage et de quelques activités administratives annexes, le formateur ne peut accorder 100 % de son temps à des formations.

De votre expérience passée, vous savez que chaque cours assure la vente de certains livres de préparation au GMAT provenant soit des grandes maisons d'édition dans le domaine (Kaplan, GMAC/Blackwell et Educational Testing Service/McGraw-Hill) soit de votre éditeur. En effet, vous avez conçu un ouvrage qui vous rapporte lorsque vous le vendez directement dans votre lieu de formation 6 € une fois compris l'ensemble des coûts et des recettes possibles liés à l'ouvrage (les frais d'achat du livre, les frais de transport, les droits d'auteur et la marge de distributeur). Si vous vendez un autre ouvrage de formation, cela vous rapporte moins puisque vous ne percevez pas de droit d'auteur pour celui-ci. Vous percevez ainsi 4 € nets des différents coûts pour chacun de ces autres ouvrages de formation. En moyenne, après chaque cours 20 % des personnes achètent un ouvrage d'une grande maison d'édition et 20 % achètent votre ouvrage.

À côté du salaire du formateur, il faut ajouter des coûts supplémentaires :

- *location d'une salle de cours à l'année (vous ne pouvez pas négocier une location selon vos besoins) : 2 400 € ;*
- *achat de matériel vidéo et audio à renouveler chaque année : 600 € ;*
- *coût de personnel administratif pour assister le formateur : 30 000 €/an ;*
- *un crayon, un dossier plastique et un cahier cours, exercices et méthodologie en couleur par élève qui ne sont pas réutilisés : 6 €.*

■ *Calculer la contribution moyenne (ou marge sur coût variable) de chaque cours compte tenu des ventes d'ouvrages.*

■ *Combien de formations doit assurer le nouvel employé pour qu'il soit rentable de l'embaucher ?*

■ *Quel taux d'occupation de son temps cela représente-t-il ?*

CORRIGÉ

1 – Le calcul de la contribution moyenne (ou marge sur coût variable) de chaque cours compte tenu des ventes d'ouvrages

Contribution provenant du seul cours : 20 x (35 – 6) = 580

Contribution moyenne provenant de la vente d'ouvrages : 20 x (0,2 x 4 + 0,2 x 6) = 40

Contribution moyenne par cours (ou marge sur coût variable unitaire) : 580 + 40 = 620

2 – Le nombre de formations que doit assurer le nouvel employé pour garantir qu'on ne fasse pas de perte en l'embauchant

La solution cherchée est le seuil de rentabilité en volume.

Coût fixe : 35 000 + 2 400 + 600 + 30 000 = 68 000

Pour ne pas faire de perte avec l'embauche du nouveau formateur il faut qu'il assure un nombre de formations égal à :

$$\text{SR (en volume)} = \frac{\text{CF}}{\text{MCVu}} = \frac{68\,000}{620} = 110$$

3 – Quel taux d'occupation de son temps cela représente-t-il ?

Capacités en nombre d'enseignements possibles : $\frac{1}{1,5}$ x 35 x 47 = 1 097 formations

Pourcentage du temps occupé à des formations pour éviter une perte liée à l'embauche d'un formateur :

$$\text{SR (en temps)} = \frac{110}{1\ 097} \approx 10\ \%\ \text{du temps}$$

Calcul alternatif :

Capacités en temps : 35 x 47 = 1 645 heures

Seuil de rentabilité en temps : 110 x 1,5 = 165 heures

Pourcentage du temps occupé à des formations pour éviter une perte liée à l'embauche d'un formateur :

$$\text{SR (en temps)} = \frac{165}{1\ 645} \approx 10\ \%\ \text{du temps}$$

EXERCICE 31 Marge de sécurité, indice de sécurité et levier opérationnel

Vous connaissez les informations suivantes relatives au mois de février N du restaurant Menez, à savoir un chiffre d'affaires de 80 000 € et une structure des coûts qui est la suivante :

– des coûts variables représentant 30 % du chiffre d'affaires ;

– des coûts fixes représentant 60 % du chiffre d'affaires.

- *Quel est le seuil de rentabilité ? Quelles ont été les hypothèses nécessaires pour le trouver ?*

Il aurait été possible de faire un autre choix en termes d'approvisionnement du restaurant. Au niveau de l'approvisionnement, la structure des coûts pour février N est :

– coûts variables : 24 % du chiffre d'affaires;

– coûts fixes : 20 % du chiffre d'affaires.

Le nouveau système d'approvisionnement induirait une nouvelle structure des coûts d'approvisionnement du mois de février N :

– nouveau montant des coûts variables : 20 % du chiffre d'affaires ;

– nouveau montant des coûts fixes : 25 % du chiffre d'affaires.

■ *À partir de quel chiffre d'affaires le nouveau système d'approvisionnement devient moins coûteux que le premier ?*

■ *Évaluer le risque d'exploitation du mois de mars N à l'aide de la marge de sécurité, de l'indice de sécurité et du levier opérationnel et sachant qu'il est prévu une baisse de 6 % des ventes durant ce mois en raison de la conjoncture économique. On a gardé l'ancien système d'approvisionnement durant le mois de mars.*

Formuler une phrase par indicateur retenu pour expliciter le sens du résultat chiffré obtenu du point de vue du risque d'exploitation.

Risque d'exploitation = risque d'avoir un résultat d'exploitation négatif

CORRIGÉ

1 – Le calcul du seuil de rentabilité

Taux de marge sur coût variable : m = 1 – CV (en % du CA) = 70 %

CF = 60 % x 80 000 = 48 000

SR (en valeur) = 48 000 / 70 % ≈ 68 572 €

Hypothèses : le coût fixe (CF) et le coût variable unitaire (CVu) sont fixes (à savoir pas d'effet de palier pour CF et pas de variation du CVu en fonction des quantités produites).

2 – Le coût des deux systèmes d'approvisionnement

Le coût total des deux systèmes d'approvisionnement est :

$CT_1 = CV_1 + CF_1$ = 24 % x CA + 20 % x 80 000 = 24 % x CA + 16 000

$CT_2 = CV_2 + CF_2$ = 20 % x CA + 25 % x 80 000 = 20 % x CA + 20 000

Lorsque deux choix donnent la même solution on appelle cela le seuil d'indifférence, à savoir ici : $CT_1 = CT_2$ soit seuil d'indifférence = (20 000 – 16 000) / (24 % – 20 %) = 100 000 €. Au-delà de 100 000 € de chiffre d'affaires attendu, il est préférable d'avoir le nouveau système d'approvisionnement.

3 – L'évaluation du risque d'exploitation à l'aide de la marge de sécurité, de l'indice de sécurité et du levier opérationnel

CA' = 80 000 x 0,94 = 75 200 €

2 marges de sécurités et indices de sécurité pouvaient être calculées avec des interprétations légèrement différentes :

– ***Marge de sécurité et indice de sécurité relatifs à la situation de départ :***

Marge de sécurité = CA – SR = 80 000 – 68 572 = 11 428 €

On peut se permettre une baisse du CA de 11 428 € sans pour autant avoir un résultat négatif or il est prévu une baisse de 6 % x 80 000 = 4 800 € donc le résultat prévu est positif et on peut se permettre de se tromper dans la prévision de CA de 11 428 – 4 800 = 6 628 €.

Indice de sécurité = 11 428 / 80 000 = 14,28 %

On peut se permettre une baisse du CA de 14,28 % sans pour autant avoir un résultat négatif or il est prévu une baisse de 6 % donc le résultat prévu est positif et on peut se permettre une baisse du CA de 14,28 – 6 = 8,28 points supplémentaires par rapport à l'évolution en pourcentage du CA attendu sans pour autant avoir un résultat négatif.

– ***Marge de sécurité et indice de sécurité relatifs à la situation d'arrivée :***

Marge de sécurité = CA' – SR = 75 200 – 68 572 = 6 628 €

On peut se permettre de se tromper de 6 628 € (en-deçà) dans la prévision du CA sans pour autant avoir un résultat négatif.

Indice de sécurité = 6 628 / 75 200 = 8,81 %

On peut se permettre de se tromper de 8,81 % (en-deçà) dans la prévision du CA sans pour autant avoir un résultat négatif (remarque : 8,81 ≠ 8,28 car il n'est pas question du même CA).

2 leviers opérationnels pouvaient être calculés (avec des interprétations différentes) :

– ***LO relatif à la situation de départ :***

Rappel : LO = Δ RE (en %) / Δ CA (en %) = MCV / R

MCV = 80 000 x 70 % = 56 000 €

RE = 56 000 – 48 000 = 8 000 €

LO = 56 000 / 8 000 = 7

Toute prévision de variation du chiffre d'affaires aura une influence multipliée par 7 sur le résultat. Si je prévois une baisse de 6 % du chiffre d'affaires je me trouve avec une baisse de 6 % x 7 = 42 % du résultat (soit nouveau résultat RE' = 8 000 x 0,58 = 4 640 €)

– ***LO relatif à la situation d'arrivée :***

MCV' = 75 200 x 70 % = 52 640 €

RE' = 52 640 – 48 000 = 4 640 €

LO = MCV'/ R' = 52 640 / 4 640 = 11,35

La marge d'erreur dans la prévision du CA ne doit pas dépasser 1/11,35 ≈ 8,81 % sinon le résultat sera négatif :

car Δ R (en %) = Δ CA (en %) x LO d'où – 100 % = (Δ CA)* (en %) x LO

avec (Δ CA)* : variation du chiffre d'affaires pour arriver au seuil de rentabilité.

EXERCICE 32 Seuil d'indifférence et levier opérationnel

L'entreprise Soin+ fabrique et vend des produits consommables à destination des hôpitaux et cliniques (pansements, compresses, coton et serviettes). Pour évaluer la performance annuelle de chaque division produit, il est établi un compte de résultat à l'anglo-saxonne.

En tant que nouveau contrôleur de gestion de la division pansement, on vous communique le compte de résultat de la division pour l'année 2009 :

Chiffre d'affaires	2 000 000 €
Coût de production des produits vendus	
Coût variable de production	400 000 €
Coût fixe de production	600 000 €
Marge brute	1 000 000 €
Coûts administratifs	250 000 €
Coûts de distribution et de vente	
Commissions	100 000 €
Coûts fixes de distribution et de vente	300 000 €
Résultat d'exploitation	350 000 €

Une seule catégorie de personnes perçoit à l'heure actuelle des commissions. Ce sont les vendeurs. Ces commissions sont calculées en fonction des ventes. En plus de ce montant, ils perçoivent 1 500 € par mois par vendeur quel que soit le niveau d'activité. Il y a 10 vendeurs.

Le responsable de la division pansement se demande s'il ne devrait pas modifier le mode de rémunération des vendeurs. Il pense pour chaque vendeur à un montant fixe de 1 200 € et à une partie variable de 8 % du chiffre d'affaires réalisé.

- *Quel est le critère de décision entre ces deux alternatives ? Faire le calcul.*
- *Établir le taux de marge sur coût variable et le levier opérationnel de la division pansement avec les deux modes de rémunération. Vous avez besoin de faire une hypothèse sur une catégorie de coûts. Faites l'hypothèse la plus simple et la plus logique. Faire une phrase pour expliciter le sens de chaque résultat obtenu.*

CORRIGÉ

1 – Le calcul du coût salarial pour faire un choix entre les deux modes de rémunération

Coût salarial des vendeurs (rémunération actuelle) :

$CT_1 = CV_1 + CF_1$ = 100 000 / 2 000 000 x CA + 1 500 x 10 x 12 = 5 % x CA + 180 000

Coût salarial des vendeurs (nouvelle rémunération possible) :

$CT_2 = CV_2 + CF_2$ = 8 % x CA + 1 200 x 10 x 12 = 8 % x CA + 144 000

avec CA : chiffre d'affaires annuel

donc $CT_2 > CT_1$ si $CA > \dfrac{180\ 000 - 144\ 000}{8\ \% - 5\ \%} = 1\ 200\ 000$ €

Du point de vue de l'entreprise, il est préférable de garder l'ancien mode de rémunération si on s'attend à un chiffre d'affaires supérieur ou égal à 1 200 000 € sinon il est préférable d'adopter le nouveau mode de rémunération.

2 – Le calcul du taux de marge sur coût variable et du levier opérationnel

Rappel : LO = Δ R (en %) / Δ CA (en %) = MCV / R

avec RE = résultat d'exploitation.

Hypothèse la plus logique : coûts administratifs = coûts fixes

Situation avec rémunération actuelle :

si coûts administratifs =	CF	CV	mi-CV et mi-CF
CV	500 000 €	750 000 €	625 000 €
CF	1 150 000 €	900 000 €	1 025 000 €
m (rémunération actuelle)	75,00 %	62,50 %	68,75 %
MCV	1 500 000 €	1 250 000 €	1 375 000 €
LO (rémunération actuelle)	4,29	3,57	3,93

Situation avec nouvelle rémunération :

Chiffre d'affaires	2 000 000 €	
Coût de production des produits vendus		
Coût variable de production	400 000 €	
Coût fixe de production	600 000 €	
Marge brute	1 000 000 €	
Coûts administratifs	250 000 €	
Coûts de distribution et de vente		
Commissions	160 000 €	= 8 % x 2 000 000
Coûts fixes de distribution et de vente	264 000 €	= 300 000 + 12 000 x 12 – 15 000 x 12
Résultat d'exploitation	326 000 €	

si coûts administratifs =	CF	CV	mi-CV et mi-CF
CV	560 000 €	810 000 €	685 000 €
CF	1 114 000 €	864 000 €	989 000 €
m (nouvelle rémunération)	72,00 %	59,50 %	65,75 %
MCV	1 440 000 €	1 190 000 €	1 315 000 €
LO (nouvelle rémunération)	4,42	3,65	4,03

Le taux de marge sur coût variable baisserait avec la nouvelle rémunération ce qui s'explique par l'augmentation des commissions. En revanche, le levier opérationnel augmenterait en raison d'une baisse plus importante du résultat par rapport à la baisse de la MCV.

En effet, on a LO = MCV / R soit MCV / (MCV – CF).

La variation de la MCV est de : – 60 000 / 1 500 000 = – 4 % alors que la variation du résultat est de – 6,86 % (variation plus grande du résultat que de la MCV car petit effet de levier : les CF varient moins que la MCV, soit de – 3,13 % et non de – 4 %) d'où une augmentation du levier opérationnel.

Synthèse sur la méthode du coût variable et le seuil de rentabilité

EXERCICE 33 Prix et chiffre d'affaires selon rentabilité attendue

Le théâtre privé, Comédie de Strasbourg, contient 300 places. On sait que la pièce, Le Cid, donnerait lieu à 10 représentations sur une moitié de mois et que le prix de la place est de 20 €. Par ailleurs, le coût du « théâtre en état de marche » (ensemble des coûts mis en œuvre avant la première représentation) pour Le Cid est de 5 000 €. Les autres coûts fixes pour un mois (salaire des acteurs, loyer, etc.) sont de 14 000 €. Le coût variable (billet imprimé, livret, etc.) par spectateur est de 2 €. Enfin, pour chaque représentation, 50 places sont offertes (gratuitement).

- *Quelle part des places payantes pour la pièce Le Cid doit être vendue en moyenne à chaque représentation pour avoir une rentabilité de 25 % du CA ?*

CORRIGÉ

Le coût fixe pour la quinzaine de jours relative à la période des représentations de la pièce *Le Cid* est :

5 000 + (14 000 / 2) + (50 x 2 x 10) = 13 000 €[1]

1. Le montant dépensé pour les places offertes représente un coût fixe (il n'est pas fonction du nombre de places vendues). Les coûts fixes définis pour une période d'un mois doivent être ramenés à une moitié de mois.

L'équation de la rentabilité est : Prix – CVu – CFu = Résultat unitaire
(équivalent à l'équation CA – CV – CF = R divisée par les quantités vendues)

soit $20 - 2 - \frac{13\ 000}{X} = 25\ \% \times 20$

avec X le nombre de places à vendre pour la quinzaine

donc $X = \frac{13\ 000}{20 - 2 - 25\ \% \times 20} = \frac{13\ 000}{13} = 1\ 000$ places

soit en moyenne 100 places par représentation

et donc $\frac{100}{300 - 50} = 40\ \%$ des places payantes.

Pour avoir une rentabilité de 25 % il faut vendre 40 % des places payantes. En-deça la rentabilité sera plus faible car le coût fixe unitaire sera plus important que $\frac{13\ 000}{1\ 000} = 13$ €.

EXERCICE 34 Chiffre d'affaires selon rentabilité attendue

Le magasin de chaussures « ELEGANT » vend des chaussures pour hommes, femmes et enfants au sein d'un centre commercial en périphérie d'une grande ville.

Au mois d'août N le chiffre d'affaires a été de 150 000 €. Le chiffre d'affaires s'est réparti de la façon suivante : 20 % pour les chaussures pour enfants, 40 % pour les chaussures pour femmes et 40 % pour les chaussures pour hommes.

Durant ce même mois, les coûts ont été de 32 000 € pour la partie vente de chaussures pour enfants, dont 20 000 € pour les coûts variables.

- *Relativement à l'activité de vente de chaussures pour enfants, quel chiffre d'affaires est nécessaire pour avoir un résultat positif sur cette activité ?*
- *Relativement à l'activité de vente de chaussures pour enfants, quel chiffre d'affaires est nécessaire pour avoir un résultat de 5 000 € sur cette activité ? Cela induit quelle augmentation en pourcentage par rapport à la situation d'août N ?*

Durant le mois d'août, les activités de ventes de chaussures pour les hommes et les femmes ont eu un coût de 100 000 € réparti de façon équivalente entre ces deux activités et entre les coûts fixes et les coûts variables.

- *Est-ce que les deux activités de vente de chaussures pour adultes sont rentables au mois d'août N ?*
- *Le responsable du magasin réfléchit à supprimer l'activité chaussures pour enfants. Cela entraînerait une baisse de 50 % des coûts fixes imputés à cette activité ainsi qu'une baisse de 5 % du chiffre d'affaires pour l'activité vente de chaussures pour femmes.*
- *Sur la base des données d'août, est-ce que le responsable du magasin a intérêt à supprimer l'activité chaussures pour enfants ? Justifiez avec des calculs. La conception d'un tableau pourra vous aider.*

Corrigé

1 – Relativement à l'activité de vente de chaussures pour enfants, quel chiffre d'affaires est nécessaire pour avoir un résultat positif sur cette activité ?

CA enfants = 150 000 x 20 % = 30 000 €

m = (30 000 – 20 000) / 30 000 = 1/3

CF = 32 000 – 20 000 = 12 000 €

SR(en valeur) = 12 000 / (1/3) = 36 000 €

2 – Calcul du chiffre d'affaires nécessaire et de l'augmentation en pourcentage par rapport à août N pour avoir un résultat de 5 000 € sur l'activité de vente de chaussures pour enfants

CA (pour R = 5 000) = (5 000 + 12 000) / (1/3) = 17 000 x 3 = 51 000 €

Δ CA (en %) = (51 000 – 30 000) / 30 000 = 70 %

3 – Évaluation de la rentabilité des activités de vente de chaussures pour adultes au mois d'août N

R (chaussures femmes) = 150 000 x 40 % – 100 000 / 2 = 60 000 – 50 000 = 10 000 €

Nous avons exactement la même équation de résultat pour les chaussures pour hommes donc les deux activités sont rentables.

4 – Évaluation de l'intérêt à supprimer l'activité chaussures pour enfants

Le résultat avec les trois activités est de : 150 000 – 32 000 – 100 000 = 18 000 €. On vérifie si la suppression de l'activité chaussures pour enfants augmente ce résultat.

	Chaussures enfants	Chaussures femmes	Chaussures hommes	Total
Chiffre d'affaires	0	60 000 x 0,95 = 57 000	60 000	117 000
Coûts variables	0	50 000 / 2 x 0,95 = 23 750	25 000	58 750
Marge sur coûts variables	0	35 000 x 0,95 = 33 250	35 000	68 250
Coûts fixes	12 000 / 2	25 000	25 000	56 000
Résultat	– 6 000	8 250	10 000	12 250

La variation du résultat est négative (12 250 – 18 000 = – 5 750 €) donc on n'a pas intérêt à supprimer l'activité de vente de chaussures aux enfants.

EXERCICE 35 Seuil d'indifférence

La librairie « Feuilles au vent » se voit proposer de vendre durant un mois un nouveau livre électronique (« ebook ») à un prix fixé par le constructeur à 200 € chacun. La librairie va acheter le livre électronique auprès du fabricant au prix unitaire de 150 € avec la possibilité de retourner les invendus et d'être remboursé en intégralité. Pour vendre ce livre électronique, elle réfléchit à l'opportunité d'augmenter le temps de travail d'un employé actuellement à temps partiel et qui souhaiterait passer à temps complet. Le supplément de rémunération de l'employé pourrait être de deux sortes.

Premier mode de rémunération : un supplément mensuel sûr de 600 € et 5 % sur le chiffre d'affaires réalisé avec le livre électronique.

Deuxième mode de rémunération : un supplément mensuel sûr de 300 € et 10 % sur le chiffre d'affaires réalisé avec le livre électronique.

Par ailleurs, la vente du livre électronique obligerait à se passer d'une partie de l'espace disponible dans le magasin pour vendre des livres. On imputerait ainsi un montant mensuel de 200 € lié à l'espace occupé par l'activité de vente du livre électronique et aux coûts fixes généraux du magasin.

- *Quel serait le résultat mensuel de l'activité de vente de livres électroniques avec le premier puis le deuxième mode de rémunération si la quantité vendue est de 15 ?*
- *À partir de quelle quantité de livres électroniques vendue avec le premier puis le deuxième mode de rémunération cette activité de vente est-elle rentable pour la librairie ?*
- *À partir de quel volume de vente le premier mode de rémunération est plus rentable que le deuxième mode de rémunération pour la librairie ?*

  Le responsable de la librairie pense qu'offrir un supplément mensuel sûr de 660 € et 10 % sur le chiffre d'affaires réalisé aurait un effet de motivation que n'ont pas les deux modes de rémunération précédents. Cet effet de motivation se traduirait par une augmentation de 40 % des ventes.
- *Avec quel volume de vente relatif à ce dernier mode de rémunération, celui-ci devient-il préférable par rapport au deuxième mode de rémunération pour la librairie ?*

CORRIGÉ

1 – Calcul du résultat mensuel de l'activité de vente de livres électroniques avec le premier et le deuxième mode de rémunération si la quantité vendue est de 15

Avec le premier mode de rémunération, le résultat mensuel de l'activité de vente de livres électroniques est :

R =15 x 200 – 15 x 150 – 15 x 200 x 5 % – 600 – 200

= 3 000 – 2 250 – 150 – 600 – 200 = – 200 €

Avec le deuxième mode de rémunération, le résultat mensuel de l'activité de vente de livres électroniques est :

R =15 x 200 – 15 x 150 – 15 x 200 x 10 % – 300 – 200

= 3 000 – 2 250 – 300 – 500 = – 50 €

2 – Calcul du seuil de rentabilité avec les deux modes de rémunération

Avec le premier mode de rémunération, les coûts et le seuil de rentabilité sont les suivants :

CVu = 150 + 5 % x 200 = 160 €

CF = 200 + 600 = 800 €

SR (en volume) = $\frac{800}{200 - 160}$ = 20 livres électroniques par mois

Avec le deuxième mode de rémunération, les coûts et le seuil de rentabilité sont les suivants :

CVu = 150 + 10 % x 200 = 170 €

CF = 200 + 300 = 500 €

SR (en volume) = $\frac{500}{200 - 170}$ = 17 livres électroniques par mois

3 – Calcul du volume de vente pour lequel le premier mode de rémunération est plus rentable que le deuxième mode de rémunération pour la librairie

Il suffit de comparer les charges qui varient entre les deux rémunérations :

Coût 1re rémunération = 5 % x 200 x Q + 600

Coût 2nde rémunération = 10 % x 200 x Q + 300

donc Q = $\frac{300}{10}$ = 30 livres électroniques

C'est à partir de 31 livres électroniques que le premier mode de rémunération est plus rentable pour la librairie.

4 – Calcul du volume de vente relatif au dernier mode de rémunération pour lequel celui-ci devient préférable par rapport au deuxième mode de rémunération pour la librairie

Il suffit de comparer la marge qui varie selon la rémunération.

En effet, il revient au même de comparer :

R (2e rémunération) = (200 x 0,9 – 150) x Q – (300 + 200)

et R (rémunération avec motivation) = (200 x 0,9 – 150) x Q x 1,4 – (660 + 200)

avec Q : quantité relative au 2e mode de rémunération

que :

Marge (2e rémunération) = (200 x 0,9 – 150) x Q – 300 = 30 x Q – 300

Marge (rémunération avec motivation) = (200 x 0,9 – 150) x Q x 1,4 – 660 = 42 x Q – 660

On obtient : Q = $\frac{360}{12}$ = 30 livres électroniques

À partir de 30 x 1,4 + 1 = 43 livres électroniques (quantité relative au mode de rémunération avec effet de motivation), il est (strictement) préférable d'avoir la rémunération avec effet de motivation.

THÈME 15

Les méthodes des coûts directs et des coûts spécifiques

EXERCICE 36 Marge sur coûts variables et marge sur coûts spécifiques

Safari Vacances propose deux types de voyages dans des réserves naturelles africaines : Safari Voyage et Safari Développement. Tout est similaire entre les deux voyages à l'exception d'une activité supplémentaire pour Safari Développement qui est la visite d'un village (celui-ci est différent suivant la période de l'année où a lieu le voyage).

Durant cette visite, les clients vont discuter avec des acteurs locaux sous la tutelle d'une ONG ayant des activités humanitaires en Afrique et généralement s'engager à être le parrain d'un enfant du village et donc par la suite se préoccuper de l'avenir scolaire de celui-ci. Du fait de cette activité des coûts supplémentaires apparaissent au niveau du transport et des charges de personnel avec le paiement de deux personnes qui s'occupent de l'interaction avec l'ONG partenaire.

Par ailleurs, Safari Vacances s'engage grâce aux revenus de Safari Développement à verser une aide financière fixe par mois à des acteurs locaux.

Vous avez les données suivantes qui concernent la période janvier N – décembre N :

Prix par personne Safari Voyage	*2 000 €*
Prix par personne Safari Développement	*2 400 €*
Nombre de clients pour Safari Voyage	*360*
Nombre de clients pour Safari Développement	*180*
Aide financière accordée à des acteurs locaux	*60 000 €*
Coût variable de transport	*540 000 €*
Coût variable d'hôtel ***Safari Voyage*** ***Safari Développement***	 *120 000 €* *60 000 €*
Coût variable d'alimentation ***Safari Voyage*** ***Safari Développement***	 *40 000 €* *20 000 €*
Coût fixe de transport	*100 000 €*
Coût fixe frais de personnel relatif à l'activité « visite d'un village »	*20 000 €*
Autres coûts fixes	*150 000 €*

Les dépenses de transport et les « autres coûts fixes » sont répartis au prorata du chiffre d'affaires.

- *Établir le compte de résultat pour Safari Vacances selon la méthode de coût partiel permettant de donner le plus d'informations par type de voyage.*
- *Quel est le chiffre d'affaires de Safari Développement qui permet à cette activité de commencer à couvrir les charges fixes communes ?*
- *Pour la période janvier N+1 – décembre N+1, il est prévu une hausse du prix de l'offre Safari Voyage de 10 % ce qui devrait entraîner une baisse de la demande pour Safari Voyage de 20 % et une augmentation de 5 % de la demande pour Safari Développement. Est-il pertinent de modifier le prix de Safari Voyage ? Quel est le critère de décision ?*

CORRIGÉ

1 – Le compte de résultat pour Safari Vacances selon la méthode de coût partiel donnant le plus d'informations par service

Il existe trois catégories de méthodes de coût partiel : la méthode des coûts variables, la méthode des coûts directs et la méthode des coûts spécifiques. Pour ces trois méthodes, on ne calcule pas de résultat analytique par produit ou service. On ne fait apparaître qu'une marge par produit ou service. Les charges non prises en compte au niveau du produit ou service sont prises en compte au niveau de l'entreprise.

Marge qu'on fait apparaître par produit ou service au niveau de chacune des trois méthodes de coût partiel :

Méthode de coût variable :
Marge sur coût variable = Chiffre d'affaires – Coûts variables (directs et indirects)

Méthode de coût direct :
Marge sur coût direct = Chiffre d'affaires – Coûts directs

Méthode de coût spécifique :
Marge sur coût spécifique
= Chiffre d'affaires – Coûts variables (directs et indirects) – Coûts fixes directs

Cette dernière méthode est ainsi celle qui prend en compte le plus de catégories de coûts au niveau du produit ou service. Elle inclut une catégorie de coûts de plus que chacune des deux précédentes méthodes.

	Safari Voyage	Safari Développement	Total
Chiffre d'affaires	2 000 x 360 = 720 000 (62,5 %)	2 400 x 180 = 432 000 (37,5 %)	1 152 000 (100 %)
Coût variable	540 000 x 62,5 % + 120 000 + 40 000 = 497 500	540 000 x 37,5 % + 60 000 + 20 000 = 282 500	780 000
Marge sur coût variable	222 500 (m = 30,9 %)	149 500 (m = 34,61 %)	372 000 (m = 32,29 %)
Coût fixe direct (ou spécifique)	0	60 000 + 20 000 = 80 000	80 000
Marge sur coût spécifique	222 500	69 500	292 000
Coût fixe indirect (ou commun)			250 000
Résultat courant			42 000

2 – Le chiffre d'affaires de Safari Développement qui permet à cette activité de commencer à couvrir les charges fixes communes

La question posée revient à calculer un seuil de rentabilité pour lequel on ne prend en compte que les charges fixes directes. En effet, on peut reformuler la question de la façon suivante : à partir de quel chiffre d'affaires la marge sur coût variable de Safari Développement devient supérieure aux coûts fixes directs de Safari Développement ?

$$\text{SR (en valeur)} = \frac{\text{CF direct}}{m} = \frac{80\ 000}{149\ 500 / 432\ 000} = 231\ 171\ €$$

3 – Analyse de l'influence d'une hausse du prix de l'offre Safari Voyage de 10 % sur la marge sur coût variable

Critère de décision : la marge sur coût variable car les coûts fixes ne varient pas

	Safari Voyage	Safari Développement	Total
Chiffre d'affaires	633 600 (a)	453 600 (b)	1 087 200
Coût variable	398 000 (c)	296 625 (d)	694 625
Marge sur coût variable	235 600	156 975	392 575

(a) 2 000 x (1 + 10 %) x 360 x (1 – 20 %) ou 720 000 x 1,1 x 0,8
(b) 2 400 x 180 x (1 + 5 %) = 432 000 x 1,05
(c) 497 500 x 0,8 (il n'y a que l'effet quantité qui est répercuté sur le coût variable)
(d) 282 500 x 1,05

La marge sur coût variable a augmenté (392 575 – 372 000 = 20 575 € > 0) donc on a intérêt à appliquer le nouveau tarif.

Attention : on ne se préoccupe pas de la distinction charges directes / charges indirectes. Celle-ci n'est pas pertinente ici.

EXERCICE 37 Marge sur coûts variables et marge sur coûts spécifiques

Le propriétaire de trois kiosques à journaux le long d'une grande plage en Espagne aimerait évaluer la performance de ses trois kiosques et prévoir le résultat en fonction de l'évolution du chiffre d'affaires des différents produits vendus.

Il y a un vendeur par kiosque représentant un coût mensuel fixe de 2 200 € pour le kiosque 1, 2 400 € pour le kiosque 2 et 2 800 € pour le kiosque 3 (charges sociales comprises dans les 3 cas). La dotation aux amortissements mensuelle pour le kiosque 1 est de 400 €, pour le kiosque 2 de 600 € et pour le kiosque 3 de 700 €.

Pour le mois d'août 2010, la répartition du prix d'achat des marchandises vendues entre les trois kiosques est la suivante :

	Journaux	*Glaces*	*Boissons*
Kiosque n° 1	*2 500 €*	*2 625 €*	*1 500 €*
Kiosque n° 2	*3 000 €*	*2 625 €*	*1 500 €*
Kiosque n° 3	*4 500 €*	*2 250 €*	*2 000 €*

Pour le mois d'août 2010, la répartition des ventes entre les trois kiosques est la suivante :

	Journaux	*Glaces*	*Boissons*
Kiosque n° 1	*3 640 €*	*5 400 €*	*3 240 €*
Kiosque n° 2	*4 340 €*	*5 400 €*	*3 240 €*
Kiosque n° 3	*5 320 €*	*4 200 €*	*5 520 €*

La rémunération du propriétaire, qui est aussi responsable financier et logistique des trois kiosques, est de 6 000 € par mois, montant réparti entre les kiosques selon le chiffre d'affaires réalisé. Quelques frais de publicité existent pour mettre notamment en évidence les produits en façade des kiosques. Le coût durant le mois d'août a été 400 € réparti entre les kiosques selon le chiffre d'affaires réalisé. Les frais fixes mensuels d'approvisionnement sont de 1 000 € répartis en fonction du prix d'achat des marchandises.

Jusqu'à présent le propriétaire calculait un seul indicateur pour vérifier la performance de ses kiosques : le résultat analytique par kiosque. Il trouve finalement qu'il y a trop de biais dans le calcul de ce résultat mais, en revanche, il aimerait avoir plus de détails sur l'analyse par produit.

■ *Construire une matrice (tableau) à deux entrées produits/kiosques permettant de mettre (seulement) en évidence :*

- *la marge sur coût variable par produit et kiosque ainsi que la marge sur coût variable au niveau d'un kiosque et au niveau d'un produit ;*
- *le taux de marge sur coût variable par produit et par kiosque ainsi que le taux de marge sur coût variable au niveau d'un kiosque et au niveau d'un produit ;*
- *la marge sur coût spécifique par kiosque ;*
- *le résultat global pour l'ensemble des trois kiosques.*

Comparer brièvement les avantages et inconvénients du nouveau système d'information comptable par rapport à l'ancien système, en mettant notamment en évidence la performance de chaque kiosque avec l'ancien et le nouveau système.

La caisse enregistreuse de chaque kiosque a pu permettre de dénombrer le nombre de transactions qui ont eu lieu durant le mois d'août 2010. On appellera « client » une « transaction », à savoir un achat, quels que soient les quantités et les produits achetés. Le nombre de « clients » sur le mois d'août 2010 pour le kiosque n° 1 est de 3 000, pour le kiosque n° 2 de 2 800 et pour le kiosque n° 3 de 5 000.

■ *Quels nouveaux indicateurs peut-on mettre en évidence par client ? Faire les calculs. Par ailleurs, que peut-on rajouter sur les différences par kiosque par rapport aux informations mises en forme à la question précédente ?*

Le propriétaire réfléchit à l'opportunité d'investir dans une machine pour faire des « glaces à l'italienne » au niveau du kiosque 3. L'investissement serait d'un montant de 3 960 € amorti sur 4 ans. En prenant en compte les effets de substitution entre glaces vendues, le propriétaire pense que la vente des « glaces à l'italienne » permettrait d'augmenter le chiffre d'affaires glaces du kiosque 3 de 10 % et d'augmenter le taux de marge sur coût variable des glaces de 2 points. Les différents kiosques ouvrent 9 mois dans l'année.

■ *Faut-il faire cet investissement sur la base du chiffre d'affaires du mois d'août 2010 ? Quels commentaires peut-on faire par rapport à ce résultat chiffré ?*

CORRIGÉ

1 – Comparaison ancien système et nouveau système d'information financière

Le nouveau système ne met pas en évidence de résultat analytique par kiosque et évite ainsi certains biais possibles liés à la répartition des charges indirectes (en particulier, est-il bien juste de répartir la rémunération du propriétaire en fonction du chiffre d'affaires, à savoir la répartition de son temps est-elle liée au chiffre d'affaires de chaque kiosque ?). Avec le nouveau système, on remarque que le kiosque n° 1 n'a plus une performance relativement aussi élevée par rapport aux kiosques n° 2 et 3.

Tableau 1 : Ancien système d'information financière (méthode de coûts complets)

	Kiosque n° 1	Kiosque n° 2	Kiosque n° 3	Total
Chiffre d'affaires	12 280 €	12 980 €	15 040 €	40 300 €
Coût variable	6 625 €	7 125 €	8 750 €	22 500 €
Vendeur	2 200 €	2 400 €	2 800 €	7 400 €
Dotations aux amortissements	400 €	600 €	700 €	1 700 €
Rémunération propriétaire	1 828 €	1 933 €	2 239 €	6 000 €
Publicité	122 €	129 €	149 €	400 €
Approvisionnement	294 €	317 €	389 €	1 000 €
Résultat analytique	**811 €**	**476 €**	**13 €**	**1 300 €**

Tableau 2 : Nouveau système d'information financière (méthode de coûts partiels)

		Kiosque n° 1	Kiosque n° 2	Kiosque n° 3	Total
Journaux	Chiffre d'affaires	3 640 €	4 340 €	5 320 €	13 300 €
	Coût variable	2 500 €	3 000 €	4 500 €	10 000 €
	Marge sur coût variable	1 140 €	1 340 €	820 €	3 300 €
	Taux de marge sur coût variable	**31,3 %**	**30,9 %**	**15,4 %**	**24,8 %**
Glaces	Chiffre d'affaires	5 400 €	5 400 €	4 200 €	15 000 €
	Coût variable	2 625 €	2 625 €	2 250 €	7 500 €
	Marge sur coût variable	2 775 €	2 775 €	1 950 €	7 500 €
	Taux de marge sur coût variable	**51,4 %**	**51,4 %**	**46,4 %**	**50,0 %**
Boissons	Chiffre d'affaires	3 240 €	3 240 €	5 520 €	12 000 €
	Coût variable	1 500 €	1 500 €	2 000 €	5 000 €
	Marge sur coût variable	1 740 €	1 740 €	3 520 €	7 000 €
	Taux de marge sur coût variable	**53,7 %**	**53,7 %**	**63,8 %**	**58,3 %**
Total par kiosque	Chiffre d'affaires	12 280 €	12 980 €	15 040 €	40 300 €
	Coût variable	6 625 €	7 125 €	8 750 €	22 500 €
	Marge sur coût variable	5 655 €	5 855 €	6 290 €	17 800 €
	Taux de marge sur coût variable	**46,1 %**	**45,1%**	**41,8%**	**44,2%**
Marges sur coût spécifique par kiosque	Vendeur	2 200 €	2 400 €	2 800 €	7 400 €
	Dotations aux amortissements	400 €	600 €	700 €	1 700 €
	Marge sur coût spécifique	**3 055 €**	**2 855 €**	**2 790 €**	**9 100 €**
	Rémunération propriétaire				6 000 €
	Publicité				400 €
	Approvisionnement				1 000 €
	Résultat analytique				**1 700 €**

2 – Nouveaux indicateurs mis en évidence par client et différences par kiosque

Nouveaux indicateurs	Kiosque n° 1	Kiosque n° 2	Kiosque n° 3	Total
Nombre de clients sur le mois	3 000	2 800	5 000	10 800
Prix (chiffre d'affaires) du panier moyen	4,09 €	4,64 €	3,01 €	3,73 €
MCV par client	1,89 €	2,09 €	1,26 €	1,65 €

Le type de clientèle entre chaque kiosque semble assez différent, en particulier entre le kiosque n° 2 et n° 3. Ainsi le client du kiosque n° 2 est celui qui a tendance à dépenser le plus par acte d'achat et à offrir une marge moyenne plus élevée (ce qui est cohérent avec le taux de marge sur coût variable par kiosque calculé précédemment).

En revanche, on n'a pas de nouvelle information sur la composition du panier. À la question précédente, avec le taux de marge sur coût variable par kiosque, on avait déjà remarqué que la répartition des achats était plus favorable au kiosque n° 1 qu'aux autres kiosques. Par rapport aux autres kiosques, le kiosque n° 1 vend relativement plus de boissons et de glaces que de journaux.

3 – Choix de l'investissement sur la base du chiffre d'affaires du mois d'août 2010

DAP mensuelle de la machine à glaces	3 960 / (4 × 9 mois) = 110 €
MCV glaces kiosque 3 sans nouvelle machine	1 950 €
MCV glaces kiosque 3 avec nouvelle machine - DAP nouvelle machine	2 127 €

Il est pertinent de faire l'investissement si on regarde un indicateur de marge sur un mois (2 127 – 1 950 = 177 € > 0).

EXERCICE 38 Marge sur coûts spécifiques et seuil d'indifférence

Un magasin vend trois catégories de produits : les produits « blancs » (frigos, réfrigérateurs, lave-linge, sèche-linge et lave-vaisselle), les produits « bruns » (télévisions, lecteurs DVD, chaînes hi-fi et appareils photo) et les produits « gris » (ordinateurs portables, périphériques et téléphones).

Nous avons les données suivantes relatives au mois de septembre N :

	Taux de marge moyen sur coût variable	*Chiffre d'affaires*	*Coûts fixes spécifiques*
Produits blancs	*60 %*	*300 000 €*	*80 000 €*
Produits bruns	*40 %*	*200 000 €*	*30 000 €*
Produits gris	*24 %*	*500 000 €*	*100 000 €*

- *Le magasin peut se permettre quel montant de coûts fixes communs au mois de septembre N tout en restant rentable ?*
- *Quel est le chiffre d'affaires nécessaire pour une marge sur coûts spécifiques pour les produits bruns de 80 000 € ?*

Le responsable marketing et commercial a réfléchi à différents modes de publicité (journaux, affichages et radios) pour faire la promotion des produits du magasin sur un mois. Il a été remarqué que selon la catégorie de produits un mode de communication est préférable pour faire de la publicité. L'effet induit sur les ventes est différent. Voici un tableau synthétisant les différentes possibilités :

	Frais mensuels de publicité	***Effet mensuel sur les ventes***
Produits blancs	*9 000*	*+ 5 %*
Produits bruns	*3 000*	*+ 7 %*
Produits gris	*9 000*	*+ 10 %*

- *Laquelle des trois options est la plus rentable pour les mois de septembre N et le mois à venir ? Pour le mois à venir, définir la règle de décision en termes de marge en faisant l'hypothèse que la répartition des ventes reste identique à celle de septembre N.*

CORRIGÉ

1 – Le montant de coûts fixes communs que peut se permettre l'entreprise en mai

Résultat > 0 si MCS (marge sur coût spécifique) > CF communs

MCS Produits blancs = 60 % x 300 000 – 80 000 = 100 000 €

MCS Produits bruns = 40 % x 200 000 – 30 000 = 50 000 €

MCS Produits gris = 24 % x 500 000 – 100 000 = 20 000 €

comme MCS total = 170 000 € alors CF communs ⩽ 170 000 €

2 – Le chiffre d'affaires nécessaire pour une marge sur coûts spécifiques pour les produits bruns de 80 000 €

On sait que : CF spécifique (ou direct) = 30 000 €

et taux de marge sur coût variable (m) = 40 %

MCS = CA x m – CF spécifique

Donc

$$CA = \frac{CF\ spécifique + MCS}{m} = \frac{30\,000 + 80\,000}{40\ \%} = 275\,000\ €$$

3 – Détermination de l'option la plus favorable pour le mois de septembre N et le mois à venir

Pour septembre N :

	MCS (avant publicité)	MCS (après publicité)	Variation due à la publicité
Produits blancs	100 000 €	100 000 €	0 €
Produits bruns	50 000 €	52 600 €	2 600 €
Produits gris	20 000 €	23 000 €	3 000 €

Pour septembre, il aurait été préférable de faire de la publicité pour les produits gris.

Pour le mois à venir, la règle de décision se détermine à partir des équations de variation de la marge sur coût spécifique du fait de la publicité :

Produits blancs : 60 % x 3/10 x CA x 5 % – 9 000 = 0,90 % x CA – 9 000

Produits bruns : 40 % x 2/10 x CA x 7 % – 3 000 = 0,56 % x CA – 3 000

Produits gris : 24 % x 5/10 x CA x 10 % – 9 000 = 1,2 % x CA – 9 000

Avec CA : chiffre d'affaires total du mois à venir (après accroissement naturel des ventes)

Donc on ne dépensera pas en priorité pour les produits blancs quel que soit le CA du mois à venir.

Si le CA attendu du mois à venir est tel que : 1,2 % x CA – 9 000 > 0,56 % x CA – 3 000

soit CA > 937 500 €

(soit une baisse du CA par rapport à septembre N de 6,25 %)

alors il est préférable de dépenser en frais de publicité pour les produits gris sinon il est préférable de dépenser pour les produits bruns.

Le coût marginal

EXERCICE 39 Choix en fonction du coût marginal

Installée dans la région de Milan, la société Gelato fabrique des machines pour faire des glaces italiennes. Son modèle de machine le plus vendu, nommé G8, est spécialement prévu pour une des grandes chaînes de restauration rapide américaines McBurger. Cette dernière achète 150 machines G8 par mois au prix unitaire de 2 800 €. La production de ce modèle est réalisée par séries de 50 unités.

Les coûts variables évoluent avec le nombre de séries produites par mois :

Coût variable d'une machine G8 (en €)	Numéro de la série
2 300	1
2 200	2
2 100	3
2 300	4
2 400	5

Les coûts de structure associés à la production du modèle G8 sont d'un montant mensuel de 50 000 € pour une capacité de production de 150 machines. Au-delà de ce nombre de machines, le coût augmente de 22 000 € par série supplémentaire.

- *Afin de déterminer l'optimum technique (ou de rendement) et l'optimum économique (ou de résultat), remplir le tableau ci-dessous. Arrondir à l'euro le plus proche.*

Numéro et nombre de séries	CV d'une série produite	CV cumulé des séries produites	CF des séries produites	Coût complet total	Coût moyen d'une série	Coût marginal d'une série
1						
2						
3						
4						
5						

- *Faire la représentation graphique des courbes de coût marginal et de coût moyen ainsi que de la droite de recette marginale (ou chiffre d'affaires marginal). Mettre en évidence l'optimum technique et l'optimum économique.*
- *Que préconisez-vous au regard de l'optimum technique et de l'optimum économique ?*

Une chaîne internationale de restaurants spécialisée dans les pizzas, Bolognia, est intéressée par la machine G8. Elle se propose d'acheter durant deux mois 100 machines par mois. Lors des négociations avec son responsable achats, il s'est avéré que Bolognia ne veut pas payer plus de 2 750 € chaque machine.

- *Faut-il accepter la proposition commerciale de Bolognia ?*
- *La décision est-elle la même s'il s'avère que cet achat mensuel de la part de Bolognia persiste durant les mois à venir ?*

L'accroissement de la concurrence pourrait obliger à baisser le prix de vente de l'ensemble des machines produites par Gelato.

- *Quelle serait la zone de rentabilité si le prix de vente de la machine G8 passe à 2 600 € ? Quelles conclusions en tiriez-vous ?*

CORRIGÉ

1 – Calcul de l'optimum technique et de l'optimum économique

Numéro et nombre de séries	CV d'une série produite	CV cumulé des séries produites	CF des séries produites	Coût complet total	Coût moyen d'une série	Coût marginal d'une série
1	115 000	115 000	50 000	165 000	165 000	165 000
2	110 000	225 000	50 000	275 000	137 500 (a)	110 000 (b)
3	105 000	330 000	50 000	380 000	126 667	105 000
4	115 000	445 000	72 000	517 000	129 250	137 000
5	120 000	565 000	94 000	659 000	131 800	142 000

(a) 275 000/2
(b) 275 000 – 165 000

L'optimum technique ou de rendement correspond au coût moyen par série le plus faible (voir case en gris). Il est atteint lorsqu'on produit 3 séries, à savoir 150 machines G8, sur un mois.

L'optimum économique ou de résultat correspond à la situation où on maximise le profit. On a tout intérêt à continuer à produire et à vendre tant que la nouvelle série rapporte un chiffre d'affaires supérieur aux coûts induits donc que le chiffre d'affaires marginal (CAm) est supérieur au coût marginal (Cm).

Le chiffre d'affaires d'une série (CAm) est : 50 x 2 800 = 140 000 €.

L'optimum économique (ou de résultat) est donc atteint lorsqu'on produit 4 séries (voir case en rouge). La cinquième série fait perdre de l'argent car son coût marginal (142 000 €) est supérieur à son chiffre d'affaires marginal (140 000 €).

2 – Représentation graphique de l'optimum technique et de l'optimum économique

Sur le graphique qui suit, on a utilisé des courbes et une droite mais il faut garder à l'esprit qu'on est sur des données discrètes (et non continues).

Diagramme du chiffre d'affaires et des coûts par série

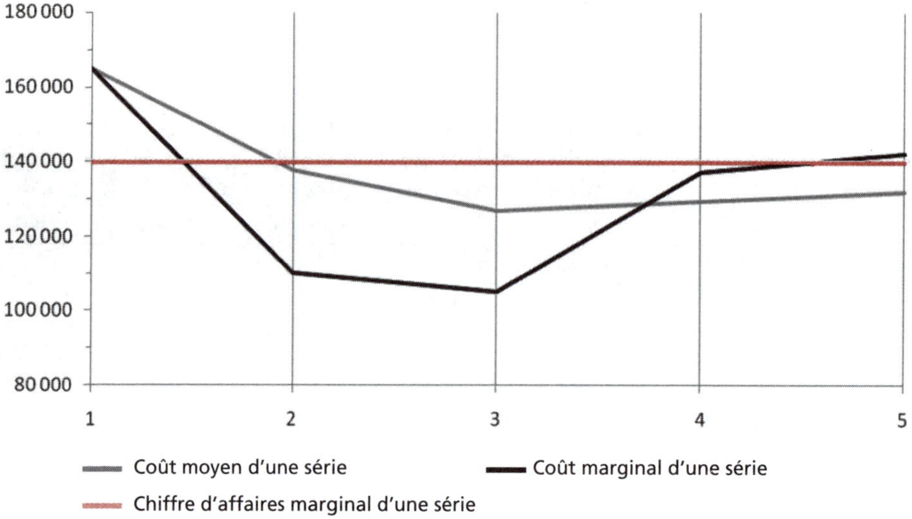

On obtient l'optimum technique quand le coût moyen est le plus faible, ou de manière équivalente juste avant que le coût marginal devienne supérieur au coût moyen c'est-à-dire ici lorsqu'on produit 3 séries soit 150 machines G8.

On obtient l'optimum économique lorsque le coût marginal se rapproche du chiffre d'affaires sans le dépasser, c'est-à-dire ici lorsqu'on produit 4 séries soit 200 machines G8. Il faudrait vérifier que le gain entre le chiffre d'affaires marginal et le coût marginal pour les séries 2, 3 et 4 compense la perte pour la première série (ceci se voit visuellement sur le graphique).

3 – Préconisation au regard de l'optimum technique et de l'optimum économique

En produisant et en vendant 3 séries (150 machines G8), on minimise le coût par machine (optimum technique) mais on ne maximise pas le profit. On pourrait encore vendre une série supplémentaire et augmenter ainsi le résultat analytique pour les machines G8 de : 140 000 – 137 000 = 3 000 €.

4 – Évaluation de la proposition de Bolognia

Pour savoir si on doit accepter la proposition de Bolognia, il faut vérifier que la vente de 100 machines par mois rapporte plus qu'elle ne coûte.

Le chiffre d'affaires marginal des 100 machines : 100 x 2 750 = 275 000 €.

Les trois premières séries servent à fournier McBurger donc ce serait les deux séries suivantes qui seraient vendues à Bolognia.

On en déduit le coût marginal de ces deux séries : 137 000 + 142 000 = 279 000 €.

Ainsi, s'il aurait été intéressant de vendre 50 machines à Bolognia (2 750 x 50 = 137 500 > 137 000), il n'en est pas de même pour 100 machines. On doit refuser le contrat commercial aux conditions voulues par Bolognia. Il aurait fallu un prix de vente d'au moins 2 790 € (279 000 / 100).

5 – Évaluation d'un contrat commercial durable avec Bolognia

La décision qui a été prise à la question 2 serait renforcée dans cette situation par le fait qu'une tarification au coût marginal pose des problèmes sur la durée. En effet, comment faire accepter à McBurger de payer 2 800 € une machine G8 alors qu'un autre client ne la paye que 2 750 €. Il faut que la discrimination par le prix soit justifiée : par exemple, machine légèrement différente pour Bolognia, absence de services après vente pour Bolognia, etc.

Par ailleurs, la tarification au coût marginal ne prend pas en compte les coûts fixes préalables à la série vendue dans la fixation du prix. Par exemple, si on vend les machines des séries 4 à 5 à un prix unitaire de 2 790 € pour ne pas faire de perte sur ces deux séries (voir question précédente), on n'a tenu compte que du coût variable unitaire (en moyenne 2 350 € sur les deux séries) et de la variation du coût fixe (22 000 x 2 = 44 000 € rapportés à chaque machine : 440 €) pour fixer le prix. Aussi ces deux séries vendues ne participeront pas à la couverture des charges fixes non directement induites par ces deux nouvelles séries. Cela pose des problèmes si la tarification au coût marginal est généralisée dans l'entreprise car on ne pourra pas faire accepter le financement de la totalité des coûts fixes nécessaire au lancement de la production aux premières séries et il ne sera pas assuré par les suivantes. Dans notre exemple, si on applique la tarification au coût marginal à la première série sans prévoir de bénéfice, on obtient un prix par machine de 3 300 €. En revanche, pour la série 3, il suffit d'un prix de 2 534 € pour compenser le coût marginal de la série.

6 – Définition de la zone de rentabilité avec un prix de 2 600 €

La zone de rentabilité définit la zone de production et de vente pour laquelle on ne fait pas de perte. Il faut donc que le chiffre d'affaires soit supérieur aux coûts :

R = CA – Coûts = (CA par série – CM par série) x nombre de séries > 0

Si CA par série > CM par série

Le chiffre d'affaires par série (≠ CAm si le prix varie) avec le nouveau prix est : 2 600 x 50 = 130 000 €.

Il faut regarder dans le tableau quand est-ce que le coût moyen par série est inférieur à 130 000 €. La zone de rentabilité consiste à produire et vendre 3 ou 4 séries.

Si on doit appliquer ce nouveau prix, il faut continuer à fournir McBurger et ne pas fournir Bolognia à ce nouveau prix.

EXERCICE 40 Prix et coût marginal

Techno est une entreprise intégrée verticalement qui actuellement produit chaque mois 40 000 unités de la pièce R16, pour ensuite l'utiliser dans la production interne d'un autre bien. Les équipements qui sont utilisés pour produire la pièce R16 représentent un montant fixe de 200 000 € par mois et permettent de produire 84 000 unités par mois. Si Techno voulait acheter la pièce R16 auprès d'un fournisseur externe, les équipements ne seraient plus utilisés, mais les coûts fixes resteraient à un niveau de 40 % de leur montant actuel. Les coûts de production variables de la pièce R16 sont de 12 € par unité.

- *Si Techno continue d'utiliser chaque mois 40 000 unités de la pièce R16, quel est le prix d'achat de la pièce pour lequel elle aura intérêt à passer par un fournisseur plutôt que de produire la pièce ?*

  L'entreprise prospecte plusieurs solutions pour vendre sa pièce R16 à des clients externes. Elle aurait la possibilité de vendre des lots de 40 000 unités par quantité de 1, 3 ou 5 lots.

- *En sachant qu'à chaque triplement de sa production actuelle le coût variable unitaire augmente de 20 %, que l'augmentation des capacités de production nécessite de racheter la même machine avec un nouveau rabais de 10 % sur son prix à chaque nouvel achat, qu'il n'y a pas d'amélioration de la productivité et que le prix de vente serait de 16 €, quelle quantité doit vendre Techno aux clients externes ?*

  Par ailleurs, aucun coût de commercialisation n'apparaît : le client venant directement chercher la pièce à l'usine.

CORRIGÉ

1 – Calcul du prix à partir duquel cela devient rentable de faire appel à un fournisseur pour la pièce R16

Le prix d'achat unitaire maximum doit être tel que :

P x 40 000 + 40 % x 200 000 = CVu x 40 000 + CF

Soit :

$$\text{Prix} = 12 + 0{,}6 \times \frac{200\ 000}{40\ 000} = 15\ €$$

Si le prix est inférieur à 15 €, nous réalisons un bénéfice en ayant recours à un fournisseur externe plutôt qu'en produisant la pièce en interne.

2 – Calcul de la quantité que Techno doit vendre aux clients externes

La règle de décision est le gain marginal pour 1, 3 et 5 lots. On remarquera ainsi que c'est un gain marginal par commande qui est calculé, commande qui peut être de 1, 3 ou 5 lots.

Chiffre d'affaires marginal par lot (ou recette marginale) :

CAm = P x Q = 16 x 40 000 = 640 000

Si la quantité vendue en externe = 40 000

alors le coût marginal (Cm) du nouveau lot = 40 000 x 12 = 480 000

Gain marginal pour 1 lot : Rm = 160 000

Si la quantité vendue en externe = 80 000

alors le Cm du nouveau lot = 40 000 x 12 + 200 000 x 0,9 = 660 000

Gain marginal du nouveau lot : – 20 000

Gain marginal pour 2 lots : Rm = 160 000 – 20 000 = 140 000

Si la quantité vendue en externe = 120 000

alors le Cm du nouveau lot = 40 000 x 12 x 1,2 = 576 000

Gain marginal du nouveau lot : 64 000

Gain marginal pour 3 lots : Rm = 140 000 + 64 000 = 204 000

Si la quantité vendue en externe = 200 000

alors le Cm des deux nouveaux lots = 80 000 x 12 x 1,2 + 180 000 x 0,9 = 1 314 000

et CAm = 16 x 80 000 = 1 280 000

Gain marginal des deux nouveaux lots : Rm = – 34 000

Gain marginal pour 5 lots : Rm = 204 000 – 34 000 = 170 000

Donc il faut vendre 3 lots de 40 000 unités en externe car c'est celui qui nous rapporte le gain marginal le plus élevé.

Nous pouvons aussi calculer le résultat global en prenant en compte les 40 000 premières unités qui servent à la production interne et en considérant par exemple qu'on ne fait pas de bénéfice sur cette quantité. Le calcul est alors légèrement différent car il faut retrouver le prix de vente interne qui assure un résultat nul : P x 40 000 = 40 000 x 12 + 200 000. Une fois le prix (P) calculé on peut chercher le nouveau CAm et le Cm.

THÈME 17

Révision sur les coûts partiels

Les QCM sont des questions à choix multiple. À chaque question posée, il vous est proposé différentes réponses parmi lesquelles il vous faut cocher aucune réponse, une réponse juste, plusieurs réponses justes, ou toutes les réponses. Ce sont donc des questions fermées auxquelles vous devez répondre rapidement avec un temps de réflexion limité.

EXERCICE 41 13 questions à choix multiple

1 – *Une charge financière avec un taux d'intérêt variable est :*

❒ a. une charge fixe
❒ b. une charge variable
❒ c. une charge semi-variable

2 – *Le calcul du chiffre d'affaires d'un produit après déduction de ses charges directes permet :*

❒ a. de connaître la contribution de ce produit au financement des charges qui sont communes à l'ensemble des produits fabriqués ou vendus par l'organisation étudiée

- ❒ b. de connaître la contribution de ce produit au résultat global de l'organisation étudiée
- ❒ c. d'avoir un indicateur facilement utilisable pour évaluer la performance d'un produit
- ❒ d. d'avoir un indicateur facilement utilisable pour faire des prévisions de marge

3 – ***Dans une entreprise multiproduits avec des stocks de produits finis, la méthode de coût variable permettra :***

- ❒ a. de déterminer le même résultat analytique pour l'entreprise qu'avec une méthode de coût complet
- ❒ b. de considérer l'ensemble des coûts fixes comme non liés directement à un produit
- ❒ c. de calculer un seuil de rentabilité par produit
- ❒ d. de calculer un seuil de rentabilité pour l'entreprise

4 – ***Le seuil de rentabilité peut se calculer en :***

- ❒ a. chiffre d'affaires
- ❒ b. volume de vente
- ❒ c. nombre de jours ou de mois
- ❒ d. pourcentage du chiffre d'affaires actuel

5 – ***Le levier d'exploitation permet :***

- ❒ a. d'évaluer le risque d'exploitation
- ❒ b. d'évaluer l'influence d'un changement de prix de vente sur l'évolution du résultat d'exploitation
- ❒ c. d'évaluer l'effet des coûts fixes d'exploitation
- ❒ d. d'évaluer l'effet de levier lié au financement par capitaux propres ou endettement

6 – ***L'indice de sécurité peut servir à :***

- ❒ a. évaluer le risque d'exploitation
- ❒ b. se faire une idée de la marge d'erreur de prévision en pourcentage du chiffre d'affaires prévu avant d'avoir un résultat négatif

❐ c. évaluer l'évolution possible du chiffre d'affaires actuel en pourcentage sans arriver à un résultat négatif

❐ d. évaluer en euros l'écart possible de chiffre d'affaires sans être au point mort

❐ e. déterminer si on a intérêt à modifier le prix de vente

❐ f. déterminer la marge de sécurité

7 – *Le calcul de la marge sur coûts spécifiques permet :*

❐ a. de savoir à partir de quand un produit ou un service finance les coûts fixes communs

❐ b. d'isoler l'ensemble des coûts fixes

❐ c. de faire apparaître un coût direct par produit ou par service

❐ d. de connaître la contribution d'un produit ou d'un service au financement des coûts fixes communs

8 – *Le seuil de rentabilité d'une entreprise commerciale achetant des marchandises au coût unitaire de 5 €, les revendant à 10 € et ayant 10 000 € de coût fixe par mois est :*

❐ a. de 60 000 € pour un trimestre

❐ b. de 2 000 produits par mois

❐ c. d'un mois si le chiffre d'affaires annuel est de 240 000 €

❐ d. de 4 000 produits si le coût fixe augmente de 40 % et le coût variable unitaire baisse de 20 %

❐ e. le même que si on vend des marchandises, coûtant 10 €, à 20 € et qu'on a des coûts fixes de 20 000 € par mois

9 – *Les hypothèses du point mort ou seuil de rentabilité sont :*

❐ a. un volume d'activité qui reste dans la plage d'activité où le coût fixe ne change pas

❐ b. un prix de vente indépendant du niveau d'activité

❐ c. un coût variable unitaire indépendant du niveau d'activité

❐ d. un taux de marge sur coût variable indépendant du niveau d'activité

❐ e. une élasticité prix de 1

10 – ***Pour une entreprise vendant plusieurs produits dont le produit A à un coût variable unitaire de 20 €, à un prix de 50 €, avec un coût fixe spécifique de 20 000 € par mois et des coûts fixes communs pour l'entreprise de 100 000 € par mois on peut en déduire que :***

- ❒ a. le produit A contribue au financement des coûts fixes communs à partir de 4 000 produits vendus par mois
- ❒ b. le taux de marge sur coût variable pour le produit A est de 40 %
- ❒ c. la production et vente du produit A ne doit pas cesser si le chiffre d'affaires par mois est d'au moins 33 334 € par mois
- ❒ d. si le chiffre d'affaires mensuel est durablement de 25 000 € pour le produit A il faudrait que le coût variable unitaire baisse d'au moins 50 % pour qu'il soit pertinent de continuer à produire et vendre le produit A

11 – ***Le seuil d'indifférence entre les deux structures de coût suivantes, un coût variable de 60 % du chiffre d'affaires et un coût fixe de 100 000 € et un coût variable unitaire de 40 % du chiffre d'affaires et un coût fixe de 180 000 € est :***

- ❒ a. un chiffre d'affaires de 300 000 €
- ❒ b. un chiffre d'affaires compris entre 250 000 € et 300 000 €
- ❒ c. un volume de vente de 40 000 produits si le prix de vente est de 10 €
- ❒ d. un chiffre d'affaires de 380 000 €

12 – ***L'optimum économique correspond au niveau de production ou d'activité pour lequel :***

- ❒ a. coût moyen = coût marginal
- ❒ b. recette marginale (ou CA marginal) = coût marginal
- ❒ c. le résultat commence à devenir négatif
- ❒ d. le gain d'un nouveau produit, lot ou série fabriqué et vendu est inférieur à zéro
- ❒ e. on atteint la fin de la zone de rentabilité

13 – *Le coût marginal d'une série se calcule :*

❐ a. en divisant le coût de revient par le nombre de séries

❐ b. en faisant la différence entre deux coûts de revient unitaires relatifs à deux séries successives

❐ c. en faisant la différence entre le coût total sans et avec la nouvelle série

❐ d. en prenant le coût variable de la série

Corrigé

1 – Bonne réponse : ❐ a

Une charge ou un coût est variable s'il varie en fonction du volume de production ou de vente. Un taux d'intérêt est variable en fonction d'autres critères comme le taux d'inflation. Une charge financière sera donc toujours une charge fixe pour la comptabilité de gestion.

2 – Bonnes réponses : ❐ a ❐ b ❐ c

En calculant une marge sur coûts directs pour un produit, on connaît le montant restant pour financer les charges indirectes et sécréter un résultat analytique positif pour l'entreprise (si l'ensemble des marges sur coûts directs des produits de l'entreprise est supérieur aux charges indirectes).

En évitant d'inclure les charges indirectes dans la marge calculée pour un produit, on évite le délicat problème de l'allocation des charges indirectes. On se retrouve ainsi avec un indicateur objectif pour évaluer la performance d'un produit.

Pour faire des prévisions de marge ou de résultat analytique, la distinction importante est entre charges variables et charges fixes car les prévisions doivent tenir compte de l'évolution du volume de ventes.

3 – Bonnes réponses : ❐ b ❐ d

La méthode de coût variable valorise le stock de produits finis au coût variable de production. Les coûts fixes sont considérés comme liés à la période et non à un produit spécifique. Tous les coûts fixes d'une période, qu'ils soient liés à la production ou aux ventes, vont être inclus dans le compte de résultat de la période.

On ne peut pas calculer le seuil de rentabilité par produit car on ne connaît pas le montant de coûts fixes par produit. En revanche, au niveau de l'entreprise, on peut calculer le seuil de rentabilité. La pertinence de ce dernier est très faible car il faut faire l'hypothèse d'une répartition fixe des ventes dans le temps pour que le seuil de rentabilité soit valable dans le futur.

4 – Bonnes réponses : ❐ a ❐ b ❐ c ❐ d

On peut calculer le seuil de rentabilité d'au moins quatre façons différentes. Pour le seuil de rentabilité en temps ou en pourcentage du chiffre d'affaires actuel, il faut être conscient que le seuil de rentabilité est fonction du chiffre d'affaires utilisé. En revanche, un seuil de rentabilité en chiffre d'affaires ou en volume de ventes est indépendant du chiffre d'affaires actuel ou prévisionnel.

5 – Bonnes réponses : ❐ a ❐ c

Le levier d'exploitation permet d'évaluer le risque d'exploitation. En effet, il évalue l'incidence d'une augmentation du volume de ventes sur le résultat d'exploitation et donc le risque de se retrouver avec un résultat d'exploitation négatif en raison d'une baisse du chiffre d'affaires. Cet effet est fonction de la part des coûts fixes dans le total des charges car ce sont les seules charges qui ne vont pas changer. Elles vont avoir un effet de levier. Le chiffre d'affaires et la marge sur coût variable sont censés évoluer d'un même pourcentage que le volume de ventes, à savoir que le prix et le coût variable unitaire sont fixes.

Le levier d'exploitation ne sert ainsi pas à prendre en compte une variation du chiffre d'affaires liée à un changement de prix induisant un changement ou non des quantités vendues. On ne pourrait pas prévoir l'évolution du résultat grâce au multiplicateur que constitue le levier d'exploitation et en connaissant la variation du chiffre d'affaires si le prix change.

6 – Bonnes réponses : ❐ a ❐ b ❐ c

Comme le levier d'exploitation ou la marge de sécurité, l'indice de sécurité permet d'évaluer le risque d'exploitation. Il exprime en pourcentage du chiffre d'affaires actuel, passé ou prévisionnel la marge avant d'avoir un résultat d'exploitation nul. Si on prend le chiffre d'affaires actuel, cela permet de savoir quelle marge d'évolution à la baisse on peut avoir avant d'avoir un résultat nul ou négatif. Si on prend le chiffre d'affaires prévisionnel, cela permet de savoir quelle marge de prévision du chiffre d'affaires on peut avoir avant qu'une erreur de prévision n'induise un résultat nul ou négatif.

L'indice de sécurité ne permet pas de savoir directement si on doit modifier le prix de vente. Il faut déjà connaître l'effet d'un changement de prix sur le volume de ventes. Une fois connu cet effet, pour chaque prix de vente envisagé, on peut calculer un chiffre d'affaires prévisionnel et un seuil de rentabilité. On aura ainsi un indice de sécurité par prix considéré.

7 – Bonnes réponses : ❒ a ❒ d

Avec la marge sur coûts spécifiques par produit ou service, on impute à un produit ou service l'ensemble des charges variables (directes et indirectes) et les seules charges fixes directes. Cette marge permet ainsi de savoir la contribution d'un produit ou service au financement des charges fixes communes et à création d'un résultat analytique pour l'entreprise.

8 – Bonnes réponses : ❒ a ❒ b ❒ e

Le seuil de rentabilité en volume (ou point mort en volume) est de : 10 000 / (10 – 5) = 2 000 produits par mois (par mois, car les coûts fixes sont par mois). Le seuil de rentabilité en chiffre d'affaires est donc de 20 000 € par mois, ce qui revient à 60 000 € par trimestre.

Si le chiffre d'affaires annuel est de 240 000 €, on aura une marge sur coût variable annuelle de 120 000 €. Ce sera tout juste suffisant pour payer les charges fixes annuelles. Le seuil de rentabilité est alors d'un an. On ne fait pas de profit durant l'année où le chiffre d'affaires est de 240 000 €.

Si le coût fixe augmente de 40 % et le coût variable unitaire baisse de 20 %, le seuil de rentabilité en volume est de : 14 000 / (10 – 4) = 2 334 produits par mois. L'effet conjugué d'une variation du coût fixe et du coût variable unitaire sur le seuil de rentabilité va dépendre du niveau de départ des différents coûts et du prix.

Si le coût fixe, le coût variable unitaire et le prix varient dans la même proportion, le seuil de rentabilité ne change pas. Par exemple, si on double toutes ces valeurs, on obtient :

20 000 / (20 – 10) = 2 000 produits par mois.

9 – Bonnes réponses : ❒ a ❒ b ❒ c ❒ d

Il faut avoir le prix, le coût variable unitaire et le coût fixe qui soient fixes en fonction du volume de ventes pour déterminer un seuil de rentabilité.

Si le prix et le coût variable unitaire sont fixes par rapport au volume de ventes alors le taux de marge sur coût variable l'est aussi.

10 – Bonnes réponses : ❒ c ❒ d

Il faut que le produit finance ses charges fixes directes avant de financer les charges fixes communes donc on peut calculer un seuil de rentabilité en volume en ne prenant que les charges fixes directes pour connaître le volume de ventes à partir duquel le produit finance les charges fixes communes :

$\frac{20\ 000}{50 - 20}$ = 667 produits A par mois, soit 33 334 € par mois.

Le taux de marge sur coût variable est de : (50 – 20) / 20 = 60 %.

Avec un chiffre d'affaires mensuel de 25 000 € et un coût variable unitaire de 10 € (20 x 50 %), la marge sur coûts spécifiques est de : 25 000 x [(50 – 10) / 50] – 20 000 = 0. Il faut bien que le coût variable unitaire baisse de 50 % pour qu'un chiffre d'affaires de 25 000 € assure une marge sur coûts spécifiques nulle. Si le coût variable unitaire baisse de plus de 50 %, le chiffre d'affaires mensuel de 25 000 € pour le produit A va permettre à ce dernier de contribuer au financement des charges fixes communes.

11 – Bonne réponse : ❐ c

Le seuil d'indifférence correspond à la situation où les deux structures de coût sont équivalentes. On peut calculer ce seuil d'indifférence en volume ou en chiffre d'affaires. Le prix n'était pas connu ici, on ne peut le calculer qu'en chiffre d'affaires.

Soit CA : le chiffre d'affaires relatif au seuil d'indifférence

$$60\ \% \times CA + 100\ 000 = 40\ \% \times CA + 180\ 000$$

$$CA = \frac{80\ 000}{20\ \%} = 400\ 000\ €$$

12 – Bonnes réponses : ❐ b ❐ d

L'optimum économique correspond au niveau d'activité pour lequel la production et la vente d'une nouvelle unité entraîneraient une baisse du résultat car le gain ou résultat marginal de cette unité est négatif. À ce niveau d'activité, la recette marginale est égale au coût marginal ou du moins la recette marginale (ou chiffre d'affaires marginal) est proche du coût marginal sans être en-deçà. La nouvelle unité, lot, série, etc., a un coût marginal supérieur à la recette marginale.

13 – Bonne réponse : ❐ c

Le coût marginal d'une série se calcule en prenant le supplément de coût dû à cette série, à savoir son coût variable plus la variation de coût fixe s'il a fallu augmenter les capacités de production, de transport, etc., en raison de cette série.

On peut aussi déduire le coût marginal d'une série en prenant le coût total des séries précédentes plus cette nouvelle série moins le coût total des séries précédentes sans cette nouvelle série.

EXERCICE 42 Synthèse sur les méthodes de coûts partiels

Un débit de boissons s'est spécialisé dans la vente de jus de fruit frais dans des gobelets individuels. Le chiffre d'affaires de mars a été de 12 000 €. Les dotations aux amortissements ont été de 400 € durant le mois de mars. Les frais de personnel ont été durant ce même mois de 4 800 € dont un quart variable en raison des heures supplémentaires. Le loyer mensuel est de 800 €. Les achats mensuels de fruits sont d'un montant de 4 650 €. Le stock de fruits a baissé durant le mois de mars d'une valeur de 150 €. Le coût des gobelets durant le mois de mars a été de 960 €.

Les questions doivent être réalisées dans l'ordre.

- *Le propriétaire du débit de boissons voudrait savoir à partir de quel chiffre d'affaires il fait un bénéfice.*
- *Le propriétaire voudrait connaître l'évolution en pourcentage de son résultat en fonction de celle de son chiffre d'affaires, en sachant qu'il ne prévoit pas de modifier son prix de vente. Quel indicateur lui proposez-vous et quelles hypothèses doit prendre en compte le propriétaire pour pouvoir l'utiliser ? Qu'induirait comme évolution par rapport au résultat actuel un chiffre d'affaires de 13 200 € durant le mois d'avril ?*

Finalement, à la fin du mois d'avril, le propriétaire devrait fermer le débit de boissons durant une semaine. Les fruits non vendus seront ainsi perdus. Les deux employés seront contraints de prendre sur leurs semaines de congés payés une semaine de vacances fin avril.

- *Quel doit être le chiffre d'affaires réalisé durant le mois d'avril pour que le débit de boissons soit rentable sachant que le stock de fruits a une valeur de 250 € au début du mois d'avril et que les achats de fruits du mois d'avril devraient être de 3 350 € ? Quelle est la première chose qu'il faut ensuite vérifier pour savoir si le débit de boissons peut être rentable durant le mois d'avril (faire le calcul) ?*

Le propriétaire se voit proposer de livrer durant le mois de mai une entreprise ProActif en raison d'une fête particulière. Alors que le gobelet traditionnel de jus de fruit est vendu à 5 €, celui-ci serait vendu à l'entreprise 4 €. 500 gobelets de jus de fruit seraient achetés par l'entreprise ProActif pour la fête. Il faudrait faire imprimer le logo de l'entreprise ProActif sur les gobelets, ce qui amènerait à un surcoût sur les gobelets achetés et utilisés de 10 %. Par ailleurs, cela obligerait à engager une personne pour l'occasion pour un coût de 200 € mais cela éviterait d'accroître les heures supplémentaires des employés habituels. Il faut aussi louer un véhicule pour un montant de 300 €. Enfin, ce surcroît d'activité viendrait déranger l'activité habituelle du débit de boissons. C'est ainsi 2 % des ventes mensuelles habituelles de mai qui seraient perdues. Les ventes de mai représentent habituellement 20 % de plus que celles de mars.

- ***Le propriétaire du débit de boissons a-t-il intérêt à accepter l'offre de l'entreprise ProActif ?***

CORRIGÉ

1 – Calcul du seuil de rentabilité (ou point mort) :

$$\text{CV en \% du CA} = \frac{4\,800/4 + (4\,650 + 150) + 960}{12\,000} = 58\ \%$$

Remarque : le coût variable correspond à la consommation de fruits et de gobelets. Pour la consommation de fruits, on a utilisé tous les achats du mois plus 150 € de fruits qui était en stock (rappel : Achats – Consommation = Stock final – Stock initial, à savoir tout accroissement du stock vient forcément d'un montant d'achats supérieur à la consommation, inversement pour une baisse du stock et donc consommation = Achats – (Stock final – Stock initial) = Achats – Δ Stock).

D'où taux de marge sur coût variable = 1 – 58 % = 42 %

$$\text{CF mensuel} = 400 + 4\,800 \times \frac{3}{4} + 800 = 4\,800\ €$$

Le seuil de rentabilité en valeur (en chiffre d'affaires) pour un mois est donc :

$$\frac{4\,800}{42\ \%} \approx 11\,249\ €$$

2 – Indicateur et hypothèses à prendre en compte puis évolution du résultat en avril

L'indicateur permettant d'avoir rapidement l'évolution du résultat en fonction de celle du chiffre d'affaires est le levier opérationnel (LO). En effet, une fois le levier opérationnel calculé $\frac{\text{MCV}}{\text{(Résultatf)}}$, on obtient la variation du résultat de la manière suivante : ΔR = Δ CA x LO

Hypothèses : on reste dans le palier d'activité pour lequel le coût fixe reste fixe. De même, le coût variable unitaire et le prix sont supposés rester constants par rapport au niveau d'activité.

Au mois de mars, nous avons les valeurs suivantes :

R = MCV – CF = 12 000 x 42 % – 4 800 = 240 €

$$LO = \frac{MCV}{R} = \frac{12\,000 \times 42\,\%}{240} = \frac{5\,040}{240} = 21$$

L'évolution en pourcentage du chiffre d'affaires entre mars et avril est de :

$$\frac{13\,200 - 12\,000}{12\,000} = 10\,\%$$

L'évolution du résultat devrait donc être de 21 x 10 % = 210 %. Il devrait plus que tripler.

3 – Situation du mois d'avril et élément à vérifier pour la rentabilité

Si les fruits non vendus sont perdus, cela signifie que les achats du mois plus le stock initial constituent un coût fixe : quelle que soit la quantité vendue de jus de fruit, le coût en fruits reste le même, à savoir 3 350 + 250 = 3 600 €

$$CV \text{ en } \% \text{ du } CA = \frac{4\,800/4 + 960}{12\,000} = 18\,\%$$

D'où taux de marge sur coût variable = 1 – 18 % = 82 %

$$CF \text{ mensuel} = 3\,600 + \left(4\,800 \times \frac{3}{4}\right) + 800 = 8\,000\ €$$

Le seuil de rentabilité en valeur (en chiffre d'affaires) pour le mois d'avril est donc :

$$\frac{8\,000}{82\,\%} \approx 9\,757\ €$$

Remarque : il ne faut pas oublier qu'on ne peut pas compter sur la dernière semaine d'avril pour atteindre ce seuil de rentabilité de 9 757 € sur le mois.

Pour savoir si ce seuil de rentabilité est atteignable durant le mois d'avril, il faut vérifier que ce chiffre d'affaires ne nécessite pas une consommation de fruits plus importante que celle possible. Il suffit d'appliquer une règle de 3 pour vérifier cela : pour un chiffre d'affaires de 12 000 €, on consomme pour 4 800 €, qu'en est-il pour un chiffre d'affaires de 9 757 € ?

$$3\,600 \times \frac{12\,000}{4\,800} = 9\,000\ €$$

Avec la quantité prévue de fruits pour le mois d'avril, on ne pourra pas être rentable. Au mieux, à savoir si on vend assez de jus de fruit pour utiliser tous les fruits, on fait une perte de 9 757 – 9 000 = 757 €. Il faudrait s'interroger sur la capacité de la boutique à assumer une telle perte en sachant que celle-ci représente plus de 3 fois le résultat du mois de mars.

$$Résultat_{mars} = 12\,000 \times 42\,\% - 4\,800 = 240\ €.$$

4 – Décision d'accepter ou non l'offre de l'entreprise ProActif

Il faut comparer le coût (marginal) de la commande et le chiffre d'affaires (marginal) de la commande, en sachant que la marge sur coût variable perdue sur les ventes habituelles peut être considérée comme un coût, plus précisément un coût d'opportunité, à savoir un manque à gagner du fait du choix effectué.

CAm = 4 x 500 = 2 000 €

La quantité de gobelets vendue durant le mois de mars était donc de :

$$\frac{12\ 000}{5} = 2\ 400 \text{ unités.}$$

Il faut calculer le coût variable pour la commande sachant qu'il n'y a pas le recours à des heures supplémentaires ; les seules charges variables sont donc les fruits et les gobelets :

$$CV = \frac{4\ 800}{2\ 400} \times 500 + \frac{960}{2\ 400} \times (1 + 10\ \%) \times 500 = 2 \times 500 + 0{,}4 \times 1{,}1 \times 500 = 1\ 220\ €$$

Remarque : on aurait pu considérer le supplément de 10 % sur les gobelets comme un coût fixe. Cela serait revenu au même puisque la quantité vendue est fixée (elle ne varie pas).

De même, il faut calculer le supplément de coût fixe dû à la commande :

ΔCF = 200 + 300 = 500 €

Il reste à ajouter le coût d'opportunité qui est la marge sur coût variable perdue (attention : on ne perd pas que les 2 % de chiffre d'affaires sur les clients habituels, on perd aussi le coût variable relatif à ce chiffre d'affaires) :

$$\text{Coût d'opportunité} = 12\ 000 \times (1 + 20\ \%) \times 2\ \% \times 42\ \% \approx 121\ €$$

Le coût de la commande est donc : 1 220 + 500 + 121 = 1 841 €.

Le résultat de la commande est donc positif : Rm = CAm – Cm = 2 000 – 1 841 = 159 €.

EXERCICE 43 Méthode de coûts complets et méthode de coûts partiels

Pour le mois d'août N, vous disposez du compte de résultat analytique d'une entreprise produisant et vendant deux produits A et B :

	Produit A	**Produit B**	**Total**
Chiffre d'affaires	2 200 000 €	1 800 000 €	4 000 000 €
Coût variable direct	880 000 €	630 000 €	1 510 000 €
Coût fixe direct	420 000 €	350 000 €	770 000 €
Marge sur coût direct	**900 000 €**	**820 000 €**	**1 720 000 €**
Coût variable indirect	550 000 €	450 000 €	1 000 000 €
Coût fixe indirect	440 000 €	360 000 €	800 000 €
Résultat analytique	**– 90 000 €**	**10 000 €**	**– 80 000 €**

L'ensemble des charges indirectes sont réparties en fonction du chiffre d'affaires.

- *Quel est le chiffre d'affaires relatif au produit A qui permet d'avoir un résultat total de l'entreprise nul (à chiffre d'affaires constant pour le produit B) ?*

  Il est prévu pour le mois de septembre N des évolutions par rapport au mois d'août N : une hausse de 5 % du prix de vente du produit A, une hausse de 5 % du volume des ventes du produit A et une hausse de 10 % du volume des ventes du produit B.

- *Quel est le compte de résultat analytique prévisionnel des deux produits et de l'entreprise pour le mois de septembre N ?*
- *Que pensez-vous de la clé de répartition qui a été choisie ?*
- *Expliquer pourquoi, dans cet exercice, on se situe dans une méthode de coûts complets et dans quelle mesure on aurait pu substituer une méthode de coûts partiels à la question n° 2.*

CORRIGÉ

1 – Le chiffre d'affaires relatif au produit A qui permet d'avoir un résultat total de l'entreprise nul

Taux de marge sur coût variable : m = (2 200 000 – 880 000 – 550 000) / 2 200 000
= 770 000 / 2 200 000 = 35 %

Pour que le résultat analytique total soit nul, il faut viser un résultat pour A de – 10 000 ⇔ d'où un chiffre d'affaires (ou niveau de rentabilité) à atteindre de :

CA = (CF + R) / m = (420 000 + 440 000 – 10 000) / 35 %
≈ 2 428 572 €

Vérification :

	Produit A	Produit B	Total
Chiffre d'affaires	2 428 571,43 €	1 800 000,00 €	4 228 571,43 €
Coût variable direct	971 428,57 €	630 000,00 €	1 601 428,57 €
Coût fixe direct	420 000,00 €	350 000,00 €	770 000,00 €
Marge sur coût direct	1 037 142,86 €	820 000,00 €	1 857 142,86 €
Coût variable indirect	607 142,86 €	450 000,00 €	1 057 142,86 €
Coût fixe indirect	459 459,46 €	340 540,54 €	800 000,00 €
Résultat analytique	– 29 459,46 €	29 459,46 €	0,00 €

2 – Le compte de résultat analytique prévisionnel des deux produits et de l'entreprise pour le mois de septembre N

	Produit A	Produit B	Total
Chiffre d'affaires	2 425 500 €	1 980 000 €	4 405 500 €
Coût variable direct	924 000 €	693 000 €	1 617 000 €
Coût fixe direct	420 000 €	350 000 €	770 000 €
Marge sur coût direct	1 081 500 €	937 000 €	2 018 500 €
Coût variable indirect	590 478 € =1 072 500 x 2 425 500/4 405 500	482 022 € =1 072 500 x 1 980 000/4 405 500	1 072 500 € = 550 000 x 1,05 + 450 000 x 1,1
Coût fixe indirect	440 449 € = 800 000 x 2 425 500 / 4 405 500	359 551 € = 800 000 x 1 980 000 / 4 405 500	800 000 €
Résultat analytique	50 573 €	95 427 €	146 000 €

3 – Discussion du choix de la clef de répartition

Cette clé de répartition semble bien adaptée aux coûts variables indirects puisque ceux-ci varient en fonction du chiffre d'affaires. En revanche, allouer les coûts fixes indirects en fonction du chiffre d'affaires ne se justifie pas du point de vue du principe de causalité. En effet, si l'un des deux produits a une croissance de son chiffre d'affaires plus grande que celle de l'autre produit, alors ce produit va récupérer un pourcentage des charges fixes indirectes totales supérieur au montant initial, à savoir avant la croissance. Cela ne se justifie pas puisque le montant total des charges fixes indirectes n'aura pas augmenté avec la croissance (tant qu'un palier n'a pas été dépassé qui induit une augmentation des coûts fixes). L'activité avec la plus forte croissance se trouve ainsi pénalisée.

En revanche, on peut imaginer un principe de solidarité : l'activité avec la plus forte croissance récupère une part plus grande des charges fixes indirectes totales afin de soulager l'autre activité qui ne bénéficie pas d'une croissance aussi forte.

4 – Justification de la méthode de coûts complets et choix possible de la méthode de coûts partiels pour la question n° 2

On est bien dans une méthode de coûts complets car on fait apparaître un résultat par produit et non **seulement** une marge (par exemple, une marge sur coûts variables, une marge sur coûts directs ou une marge sur coûts spécifiques).

À la question n° 2, si on avait voulu seulement connaître l'impact des différentes évolutions de prix et de quantité sur le résultat total, on se serait alors contenté de la méthode de coûts variables :

	Produit A	Produit B	Total
Chiffre d'affaires	2 425 500 €	1 980 000 €	4 405 500 €
Coût variable	(880 000 + 550 000) x 1,05 = 1 501 500 €	(630 000 + 450 000) x 1,1 = 1 188 000 €	2 689 500 €
Marge sur coût variables	924 000 €	792 000 €	1 716 000 €
Coût fixe			800 000 + 770 000 = 1 570 000 €
Résultat analytique			146 000 €

Remarque : on ne trouve pas la même marge sur coût variable par produit qu'à la question 2 car ici on ne se préoccupe pas de la répartition des charges variables indirectes en fonction de la clé de répartition. On applique directement au niveau de chaque produit la variation de charges variables qui le concerne.

On remarque ainsi qu'une présentation du compte de résultat analytique selon la méthode des coûts complets complexifie les choses si le but est de connaître l'incidence de l'évolution du chiffre d'affaires des différents produits sur le résultat total de l'entreprise (car on a à la fois traité des problèmes de répartition des charges indirectes, ce qui est inutile pour le résultat total, et des problèmes de calcul de la variation des charges variables en fonction du chiffre d'affaires).

PARTIE 3

Les coûts préétablis et le coût cible

THÈME 18

Les coûts préétablis des charges directes et indirectes

EXERCICE 44 Budget flexible avec charges directes et indirectes

Pour une petite entreprise, produisant deux produits A et B, il était prévu pour le mois de mai le budget suivant relatif au produit A :

	Quantité standard par produit (a) ou nombre prévu d'U.O. par produit	**Prix standard ou coût variable prévisionnel d'U.O.**	**Coût unitaire standard ou résultat unitaire prévu**	**Quantité de vente prévue**	**Montant budgété**
Chiffre d'affaires		*25 €*		*10 000*	*250 000 €*
Matière première	*2 kg*	*1,5 €/kg*	*3 €*	*10 000*	*30 000 €*
Main-d'œuvre directe	*0,1 heure*	*20 €/heure*	*2 €*	*10 000*	*20 000 €*
Charge variable indirecte	*2,5 heures machine (b)*	*2 €/heure machine*	*5 €*	*10 000*	*50 000 €*
Charge fixe indirecte					*90 000 €*
Résultat analytique			*6 €*	*10 000*	*60 000 €*

(a) On utilise aussi le terme de rendement standard.
(b) L'unité d'œuvre est l'heure machine.

Finalement, le résultat pour le produit A durant le mois de mai a été le suivant :

	Quantité utilisée par produit ou nombre réel d'U.O.	Prix réel ou coût variable réel d'U.O.	Coût unitaire réel	Quantité de vente réelle	Montant réel
Chiffre d'affaires		24 €		12 000	288 000 €
Matières premières	2 kg	1 €/kg	2,2 €	12 000	26 400 €
Main-d'œuvre directe	0,11 heure	20 €/heure	2,2 €	12 000	26 400 €
Charge variable indirecte	3 heures machine	1,5 €/heure machine	4,5 €	12 000	54 000 €
Charge fixe indirecte					102 000 €
Résultat analytique			6,6 €	12 000	79 200 €

- *Concevoir le budget flexible afin de mettre en évidence l'écart sur volume de vente pour chaque poste de charge et de produit ainsi que pour le résultat analytique. Préciser pour chaque écart s'il est favorable (F) ou défavorable (D).*
- *Comment expliquez-vous la différence entre la variation en pourcentage du volume de ventes et la variation en pourcentage du résultat analytique ?*
- *Quel est le montant de l'écart sur résultat analytique qui n'est pas dû à l'écart sur volume ?*

CORRIGÉ

1 – Conception du budget flexible et mise en évidence de l'écart sur volume de vente

Le budget flexible consiste à partir du budget initial à considérer un montant de vente ou de production différent. Le coût unitaire standard et le prix de vente sont ainsi conservés dans le budget flexible. Si on veut mettre en évidence l'écart sur volume de vente, il faut prendre le volume de vente réel.

	Quantité standard par produit ou nombre prévu d'U.O. par produit	Prix standard ou coût variable prévisionnel d'U.O.	Coût unitaire standard ou résultat unitaire prévu	Quantité de ventes prévue	Montant budgété	Budget flexible (avec 12 000 ventes)	Écart sur volume de vente
Chiffre d'affaires		25 €		10 000	250 000	300 000 (a)	50 000 F
Matière première	2 kg	1,5 €/kg	3 €	10 000	30 000	36 000 (b)	6 000 D
Main-d'œuvre directe	0,1 heure	20 €/heure	2 €	10 000	20 000	24 000	4 000 D
Charge variable indirecte	2,5 heures machine	2 €/heure machine	5 €	10 000	50 000	60 000	10 000 D
Charge fixe indirecte					90 000	90 000 (c)	0
Résultat analytique			6 €	10 000	60 000	90 000	30 000 F

(a) 25 € x 12 000 produits A
(b) 3 € x 12 000 produits A
(c) Par définition, le coût fixe n'est pas fonction du volume de ventes.

2 – Explication de la différence entre variation du volume de vente et variation du résultat analytique

La variation en pourcentage du volume de vente entre ce qui est prévu et ce qui est réalisé est de $\frac{12\,000 - 10\,000}{10\,000} = 20\ \%$.

La variation en pourcentage du résultat analytique entre ce qui est prévu et ce qui est réalisé est de $\frac{30\,000}{60\,000} = 50\ \%$.

La différence s'explique par la présence de charges fixes qui jouent le rôle de levier d'exploitation. Alors que le chiffre d'affaires et les coûts variables varient de 20 %, le coût fixe varie de 0 %.

On peut ainsi reprendre la formule du levier d'exploitation :

$$\text{levier d'exploitation} = \frac{\Delta \text{ Résultat / Résultat}}{\Delta \text{ Chiffre d'affaires / Chiffre d'affaires}} = \frac{\text{MCV}}{\text{Résultat}} = \frac{\text{Résultat + CF}}{\text{Résultat}}$$

$$= \frac{60\,000 + 90\,000}{60\,000} = 2,5$$

D'où 50 % = 20 % x 2,5

Plus les coûts fixes sont élevés, plus l'effet de levier sera important.

3 – Écart sur résultat analytique non dû à l'écart sur volume

Par différence entre le résultat analytique du budget flexible et du budget de départ on a calculé l'écart sur volume de ventes pour le résultat analytique. Les autres écarts sur résultat analytique sont donc égaux à la différence entre le résultat analytique réel et le résultat analytique du budget flexible, soit 79 200 – 90 000 = – 10 800 défavorable.

On a ainsi :

Écart sur volume de vente + Autres écarts = Résultat analytique réel – Résultat analytique budgété,

soit 30 000 – 10 800 = 79 200 – 60 000 = 19 200 € favorable.

EXERCICE 45 Budget flexible d'un atelier

L'entreprise Indus a un centre d'analyse pour les parties approvisionnement et production, à savoir un atelier de production. Les charges prévisionnelles suivantes sont relatives à ce centre pour un mois :

	Atelier
Charges variables :	
Énergie	*10 000 €*
Divers	*12 000 €*
Charges fixes :	
Amortissement des machines	*8 000 €*
Amortissement des locaux	*4 000 €*
Charges de personnel	*50 000 €*
Nature de l'unité d'œuvre	*Heures de main-d'œuvre directe de production*
Nombre d'unités d'œuvre	*2 000 heures*

Finalement, les données réelles du même mois sont :

	Atelier
Charges variables : *Énergie* *Divers*	 *9 000 €* *11 500 €*
Charges fixes : *Amortissement des machines* *Amortissement des locaux* *Charges de personnel*	 *10 000 €* *4 000 €* *50 000 €*
Nature de l'unité d'œuvre	*Heures de main-d'œuvre directe de production*
Nombre d'unités d'œuvre	*1 600 heures*

■ *Calculer le coût variable et le coût fixe d'U.O. standards (ou préétablis) et réels. Arrondir à 2 chiffres après la virgule les résultats.*

Les charges directes de production pour l'un des deux produits fabriqués par Indus, à savoir le produit Indus 1, durant le même mois que précédemment sont :

	Données budgétées			**Données réelles**		
	Quantité utilisée par produit	*Prix*	*Quantité produite*	*Quantité utilisée par produit*	*Prix*	*Quantité produite*
Matière première	*0,5 kg*	*3 €/kg*	*10 000*	*0,4 kg*	*3,2 €/kg*	*8 000*
Main-d'œuvre directe de production	*0,1 heure*	*20 €/h*	*10 000*	*0,12 heure*	*20 €/h*	*8 000*

■ *Calculer le coût de production unitaire budgété, réel et selon le budget flexible avec activité réelle du produit Indus 1. Arrondir à 2 chiffres après la virgule les résultats.*

CORRIGÉ

1 – Calcul du coût variable et le coût fixe d'U.O. standards (ou préétablis) et réels

Le total des charges indirectes prévisionnelles de l'Atelier est de 84 000 € dont 62 000 € de coûts fixes.

Le total des charges indirectes réelles de l'Atelier est de 84 500 € dont 64 000 € de coûts fixes.

	Standard	Réel
Coût de l'unité d'œuvre	42 € (a)	52,81 € (d)
Dont : coût variable	11 € (b)	12,81 €
coût fixe	31 € (c)	40 €

(a) $\frac{84\,000}{2\,000}$ *(b)* $\frac{22\,000}{2\,000}$ *(c)* $\frac{62\,000}{2\,000}$ *(d)* $\frac{84\,500}{1\,600}$

2 – Calcul du coût de production unitaire budgété, réel et selon le budget flexible avec activité réelle du produit Indus 1

	Budgété	Budget flexible (avec 8 000 produits Indus 1)	Réel
Matières premières	1,5 € (a)	1,5 € (c)	1,28 €
Main-d'œuvre directe de production	2,0 €	2,0 €	2,40 €
Coût variable indirect de production	1,1 € (b)	1,1 € (d)	1,54 €
Coût fixe indirect de production	3,1 €	3,875 € (e)	4,80 €
Coût de production unitaire	7,7 €	8,5 €	10,02 €

(a) 0,5 x 3
(b) 11 € x 0,1 heure
(c) Le coût unitaire standard continue à être utilisé dans le budget flexible car la matière première est un coût variable.
(d) Le coût variable unitaire d'U.O. ne change pas.
(e) Le montant total de coût fixe (62 000 €) ne change pas par rapport au montant standard. La quantité par produit est celle standard (0,1 heure) mais on produit maintenant 8 000 produits Indus 1 d'où coût fixe d'U.O. dans le budget flexible = $\frac{62\,000}{1\,600}$ = 38,75 €. Pour un produit Indus 1 on obtient un coût fixe indirect de production de : coût fixe de l'U.O. x Nombre d'U.O. par produit = 38,75 x 0,1 = 3,875 €.

THÈME 19

Le calcul et l'analyse des écarts sur coûts

EXERCICE 46 Écart sur matière première (écart sur charges directes)

Il avait été prévu pour le mois d'avril une consommation de matière première de 1 000 kg pour un montant de 2 500 € en raison d'une production de 5 000 produits. Finalement, durant le mois d'avril, il a été consommé 1 400 kg de matière première pour un montant de 3 360 € en raison d'une production de 5 600 produits.

- *Analyser l'écart sur matière première pour le mois d'avril en faisant apparaître le plus de sous-écarts possibles.*

CORRIGÉ

1 – Analyse de l'écart sur matière première

On peut décomposer le coût budgété de la matière première de 2 500 € en trois composantes :

Volume de production prévu x Rendement[1] standard x Coût standard

$$= 5\ 000 \times \frac{1\ 000}{5\ 000} \times \frac{2\ 500}{3\ 000} = 5\ 000 \text{ produits} \times 0{,}2 \text{ kg/produit} \times 2{,}5 \text{ €/kg}$$

1. Rendement : quantité de matière première par produit fabriqué.

De même, le coût réel de la matière première de 3 360 € peut être décomposé en 3 éléments :

Volume de production réel x Rendement réel x Coût réel

$$= 5\,600 \times \frac{1\,400}{5\,600} \times \frac{3\,360}{1\,400}$$

= 5 600 produits x 025 kg/produit x 2,4 €/kg

Écart total :
3 360 – 2 500 = 860 € D

Montant budgété :
5 000 × 0,2 × 2,5 = 2 500 €

Coût préétabli ajusté à la production réelle :
5 600 × 0,2 × 2,5 = 2 800 €

Quantité réelle au coût standard :
5 600 × 0,25 × 2,5 = 3 500 €

Montant réel :
5 600 × 0,25 × 2,4 = 3 360 €

Écart sur volume de production :
2 800 – 2 500 = 300 € D

Écart sur rendement (ou sur quantité) :
3 500 – 2 800 = 700 € D

Écart sur coût de la matière :
3 360 – 3 500 = – 140 € F

D = Défavorable

F = Favorable

On peut vérifier qu'en additionnant les 3 sous-écarts on retrouve l'écart total :

300 + 700 – 140 = 860 € D.

Seul le prix d'achat du kg de matière première est plus favorable que prévu du point de vue du coût de la matière première. Il faut cependant remarquer que si la production est plus importante que prévue le coût de la matière première augmente mais aussi le chiffre d'affaires lorsque ces quantités seront vendues.

Exercice 47 Écart sur main-d'œuvre directe

Pour le mois de mai, le responsable d'une division de production, où on produit des figurines en bois à la main et où la main-d'œuvre est spécialisée par catégorie de figurines, avait prévu un coût de main-d'œuvre directe (MOD) de 42 165,90 € pour 2 231 heures tenant compte d'une augmentation de 5 % du coût horaire prévue par la direction. La production prévue était de 8 924 figurines. En réalité pour le mois de mai, le coût de la MOD a été de 43 335 € pour 2 250 heures.

Toutes les heures sont payées au même taux.

- *Quel était le coût d'une heure de MOD avant augmentation prévue de 5 % ?*
- *La première explication avancée par le responsable de la division de production pour expliquer l'écart total sur MOD est que la production a été de 25 % supérieure aux prévisions. Que pensez-vous de cette explication ? Justifier numériquement.*
- *Que pensez-vous de la performance de la division de production ?*
- *Il s'est avéré qu'on a oublié de prendre en compte le fait que dans les 2 250 heures il y a 100 heures qui ont été chômées en raison d'un mouvement social et que ces heures ont été rémunérées normalement après accord avec la direction. Quel(s) écart(s) calculé(s) précédemment doit-on modifier pour tenir compte de cette information ? Quel(s) nouvel ou nouveaux écart(s) proposez-vous pour remplacer le ou les ancien(s) écart(s) ?*

Corrigé

1 – Calcul du coût d'une heure de MOD avant augmentation prévue de 5 %

Coût standard d'une heure de MOD après augmentation prévue : $\dfrac{42\ 165{,}90}{2\ 231} = 18{,}90$ €.

Coût réel d'une heure de MOD avant augmentation prévue : $\dfrac{18{,}90}{1 + 5\ \%} = 18$ €.

2 – Calcul des différents sous-écarts pour évaluer lequel a l'impact le plus important

On peut décomposer le coût budgété de la MOD de 42 165,90 € en trois composantes :

$$\text{Volume de production prévu x Temps standard en heure par produit}$$

$$\text{x Taux horaire standard} = 8\,924 \times \frac{2\,231}{8\,924} \times \frac{42\,165{,}90}{2\,231}$$

$$= 8\,924 \text{ figurines x } 0{,}25 \text{ h/produit x } 18{,}90 \text{ €/h}$$

De même, le coût réel de la MOD de 96 300 € peut être décomposé en 3 éléments :

$$\text{Volume de production réel x Temps réel en heure par produit}$$

$$\text{x Taux horaire réel} = (8\,924 \times 1{,}25) \times \frac{2\,250}{8\,924 \times 1{,}25} \times \frac{43\,335}{2\,250}$$

$$\approx 11\,155 \text{ figurines x } 0{,}20 \text{ h/produit x } 19{,}26 \text{ €/h}$$

Le temps par produit a été arrondi. Pour le calcul des variances, il est préférable de garder le montant exact $\left(\frac{2\,250}{11\,155}\right)$.

Écart total :
43 335 – 42 165,90 =
1 169,10 € D

Montant budgété :
8 924 × 0,25 × 18,90 = 42 165,90 €

Coût préétabli ajusté à la production réelle :
11 155 × 0,25 × 18,90 = 52 707,38 €

→ Écart sur volume de production :
10 541,48 € D

Quantité réelle au coût standard :
2 250 × 18,90 = 42 525 €

→ Écart sur temps :
– 10 182,38 € F

Montant réel :
2 250 × 19,26 = 43 335 €

→ Écart sur taux horaire :
810 € D

D : Défavorable F : favorable

On peut vérifier qu'en additionnant les 3 sous-écarts on retrouve l'écart total :

10 541,48 – 10 182,38 + 810 = 1 169,10 € D

C'est donc bien l'écart sur volume de production qui explique le mieux l'écart défavorable sur MOD. L'écart favorable sur temps permet de compenser une partie de l'écart précédent. En effet, le fait de nécessité moins de temps par produit perd de réduire le nombre d'heures supplémentaires pour compenser l'augmentation de la production.

L'écart sur taux horaire est aussi défavorable mais a un impact financier bien moindre que l'écart sur volume de production.

3 – Argumentation sur la performance de la division production

Le responsable de la division n'est *a priori* pas fautif de l'écart sur volume de production dans la mesure où dans une entreprise industrielle et commerciale c'est la partie commerciale qui va imposer le volume de production. Par ailleurs, un écart sur volume de production défavorable pour une charge est généralement lié à un écart sur volume favorable pour le résultat de l'entreprise. La condition est que le prix soit supérieur au coût unitaire.

A priori, c'est la direction qui est responsable de l'augmentation des salaires. On n'a finalement pas une augmentation de 5 % mais de 7 % $\left(\frac{19{,}26 - 18}{18}\right)$.

Finalement, le responsable de la division a une bonne performance car l'écart sur taux est favorable. Il faudrait si l'augmentation de salaire plus élevée que prévue a pu avoir un effet positif sur le temps nécessaire par produit.

4 – Prise en compte du temps chômé

Il faut revoir l'écart sur taux car il correspond à un rendement encore meilleur de la main-d'œuvre dans la mesure où ce ne sont finalement pas 2 250 heures qui ont servi pour produire 11 155 figurines mais 2 250 – 100 = 2 150 heures. Le rendement réel est donc de $\frac{11\ 155}{2\ 150} \approx 0{,}19$ h/produit .

Le précédent écart sur temps de 10 182,38 € F se décompose finalement en :

– écart sur temps chômé : 100 x 18,90 = 1 890 € D

– écart sur temps travaillé (écart sur rendement) :

[(2 250 – 100) – 0,25 x 11 155] x 18,90 = – 12 072,38 F

On trouve ainsi un écart sur rendement de la MOD encore plus favorable que précédemment.

EXERCICE 48 Décomposition de l'écart sur résultat

Reprendre les données et la solution de l'exercice 39 du chapitre précédent.

- *Calculer les différents écarts et sous-écarts sur charges directes et indirectes.*
- *Calculer l'écart sur charges indirectes selon le Plan Comptable Général (PCG), à savoir en distinguant pour l'ensemble des charges indirectes l'écart sur rendement, l'écart sur activité et l'écart sur coût.*
- *Expliquer d'où provient l'écart entre résultat réel et résultat budgété en mettant en évidence les différents sous-écarts calculés précédemment et à l'exercice 39. Ne pas oublier l'écart sur prix pour les ventes. Considérez directement au niveau de l'écart sur volume l'influence du volume de ventes sur le résultat analytique.*

CORRIGÉ

1 – Calcul des différents écarts et sous-écarts

Écart sur matière première :

- écart sur volume de ventes : (12 000 – 10 000) x 3 € = 6 000 € D (réponse directement disponible dans la solution à l'exercice 40) ;
- écart sur rendement (ou quantité) : (2,2 – 2) x 12 000 x 1,5 = 3 600 € D ;
- écart sur coût (unitaire) : (1 – 1,5) x 2,2 x 12 000 = – 13 200 € F

Écart total sur matière 1re : – 3 600 € F.

On peut vérifier directement ce dernier résultat en faisant directement matière première compte de résultat réel moins coût matière première compte de résultat prévisionnel.

Écart sur main-d'œuvre directe :

- écart sur volume de ventes : (12 000 – 10 000) x 2 € = 4 000 € D ;
- écart sur temps (ou rendement) : (0,11 – 0,1) x 20 x 12 000 = 2 400 € D ;
- écart sur taux : (20 – 20) x 0,11 x 12 000 = 0 €.

Écart total sur MOD : 6 400 € D.

Écart sur charges indirectes variables :

– écart sur volume de ventes : (12 000 – 10 000) x 5 € = 10 000 € D ;

– écart sur rendement (ou consommation d'U.O.) : (3 – 2,5) x 2 x 12 000 = 12 000 € D ;

– écart sur coût (ou budget) : (1,5 – 2) x 3 x 12 000 = – 18 000 € F.

Écart total sur charges indirectes variables : 4 000 € D.

Écart sur charges indirectes fixes :

– écart sur coût : 102 000 – 90 000 = 12 000 € D.

On peut calculer d'autres écarts pour les charges indirectes fixes car on connaît le nombre d'unités d'œuvre par produit. Il ne change pas par rapport aux charges indirectes variables, à savoir que l'unité d'œuvre est toujours l'heure machine.

Les deux écarts suivants ne serviront cependant pas à mettre en évidence l'écart sur budget flexible, à savoir un écart entre le montant de charges fixes dans le compte de résultat réel et un montant de charges fixes dans le compte de résultat selon le budget flexible, ou l'écart total sur charges fixes.

Écart sur activité (ou d'absorption des charges fixes) :

(Charges fixes budgétées – Coût fixe standard d'UO x Nombre réel d'UO)

$$= 90\,000 - \left[\frac{90\,000}{2{,}5 \times 10\,000} \times (12\,000 \times 3)\right] = -\,39\,600 \text{ € F}$$

Écart sur rendement :

Coût fixe standard x (Nombre réel d'UO – Nombre standard d'UO adapté à la production réelle)

$$= \frac{90\,000}{2{,}5 \times 10\,000} \times (3 \times 12\,000 - 2{,}5 \times 12\,000) = 21\,600 \text{ € D}$$

L'écart d'absorption des charges fixes montre la diminution des coûts fixes unitaires liée à une activité réelle plus élevée que celle prévue (12 000 produits A au lieu de 10 000 produits). En effet, le coût fixe d'unité d'œuvre devient pour 12 000 produits si on ne modifie pas le montant total de 90 000 € : $\frac{90\,000}{3 \times 12\,000} = 2{,}5$ *€/h machine.*

Le montant du coût fixe standard d'unité d'œuvre est : $\frac{90\,000}{2{,}5 \times 10\,000} = 3{,}6$ *€/h machine.*

On obtient ainsi l'écart suivant sur coût fixe d'unité d'œuvre :

(2,5 – 3,6) x (12 000 x 3) = – 39 600 € F.

L'écart sur rendement montre qu'on a utilisé plus d'heures machine par produit que prévu (3 heures au lieu de 2,5 heures). On ajuste cet écart à la production réelle (12 000 produits) puis on le valorise au coût standard d'unité d'œuvre 3,6 €.

2 – Calcul de l'écart sur charges indirectes selon le PCG

Coût standard de la production réelle :	(2 € + 3,6 € (a)) x 2,5 h x 12 000 = 168 000 €
Écart sur rendement :	201 600 – 168 000 = 33 600 € D
Coût standard des unités d'œuvre réelles :	(2 € + 3,6 €) x 3 h x 12 000 = 201 600 €
Écart sur activité :	162 000 – 201 600 = – 39 600 € F
Budget flexible pour les unités d'œuvre réelles :	2 € x 3 h x 12 000 + 90 000 = 162 000 €
Écart sur coût :	156 000 – 162 000 = – 6 000 € F
Coût réel :	54 000 + 102 000 = 156 000 €

Écart total sur charges indirectes : 156 000 – 168 000 = – 12 000 € F.

(a) Coût fixe standard d'UO : $\frac{90\ 000}{2{,}5 \times 10\ 000} = 3{,}6$ € / (*h machine*)

L'écart sur rendement est le seul écart défavorable. Il provient d'une utilisation plus grande des unités d'œuvre par produit que prévu (3 heures machine au lieu de 2,5 heures).

L'écart sur activité est favorable en raison d'un montant de coût fixe unitaire standard qui est moins élevé que celui qu'on aurait dû avoir pour l'activité réelle avec un montant total identique. L'activité plus importante que prévue (12 000 produits au lieu de 10 000 produits) vient abaisser le coût fixe unitaire : (90 000) / 12 000 au lieu de (90 000) / 10 000. L'écart ne peut être interprété que par rapport au niveau d'activité. L'analyse du coût fixe unitaire n'ayant pas de sens en soi.

L'écart sur coût est favorable malgré l'augmentation des coûts fixes indirects totaux : 102 000 – 90 000 = 12 000 €. Du point de vue des coûts variables indirects, il était prévu 2 € par heure machine et on a finalement 1,5 € par heure machine. Cet effet favorable vient compenser le précédent effet défavorable : (2 – 1,5) x 3 x 12 000 = 18 000 € > 12 000 € (18 000 – 12 000 = 6 000 € F).

On peut vérifier que l'écart total sur charges indirectes correspond à l'écart total sur charges variables indirectes hors écart sur volume (12 000 – 18 000 = – 6 000 € F) plus l'écart sur charges fixes indirectes entre le montant prévu adapté à la production réelle (3,6 x 2,5 x 12 000 = 108 000 €) et le montant réel (102 000 €), soit – 6 000 € F.

3 – Explication de l'écart entre résultat réel et résultat budgété

On peut distinguer deux grands écarts : l'écart sur volume de ventes et l'écart sur budget flexible. Ce dernier comprend les sous-écarts sur prix ou coût ou taux et sur rendement.

Dans l'analyse ci-dessous afin d'additionner les différents montants financiers successifs on considère qu'un écart défavorable est négatif et qu'un écart favorable est positif plus l'écart sur coûts fixes.

Résultat prévu		**60 000**
Écart sur volume de ventes		30 000
Résultat budget flexible		**90 000**
Écart sur prix de vente : (24 – 25) x 12 000		– 12 000
Écart sur budget flexible pour la matière 1re		9 600
Écart sur rendement	– 3 600	
Écart sur coût	13 200	
Écart sur budget flexible pour la main-d'œuvre directe		– 2 400
Écart sur temps	– 2 400	
Écart sur taux	0	
Écart sur budget flexible pour les charges indirectes variables		6 000
Écart sur rendement	– 12 000	
Écart sur coût	18 000	
Écart sur budget flexible pour les charges indirectes fixes		– 12 000
Résultat réel		**79 200**

On peut en conclure que si le coût standard unitaire et le prix de vente unitaire n'avaient pas changé on aurait eu un résultat de 90 000 €. Malheureusement le prix de vente diminue, on utilise plus de temps de MOD par produit et les coûts fixes augmentent. Les écarts favorables sur matières premières et charges indirectes variables ne suffisent pas à compenser ces effets.

Au final, le résultat réel est tout de même plus élevé que celui budgété grâce à un volume de ventes qui augmente de 20 %.

Si on pratique le management par exception, à savoir une définition des problèmes prioritaires à partir des écarts, il faudrait commencer par se poser la question de la motivation de la baisse du prix de vente, de la pertinence de l'augmentation des coûts fixes (indirects) et de la raison de l'utilisation de plus d'heures machine par produit (écart sur rendement défavorable pour les charges variables indirectes). Ces trois évènements ont causé un écart défavorable de 12 000 € chacun, soit 36 000 € en tout.

Le coût cible ou « *target costing* »

EXERCICE 49 Coût cible

L'entreprise Baladeur produit des lecteurs MP3 et s'interroge sur les conditions de lancement d'une nouvelle gamme de MP3, appelée Pure Musique et considérée comme haut de gamme car comprenant un écran tactile. L'interrogation se pose sur les composants à inclure. Pour cela elle a fait deux études, l'une sur le coût de certains choix de production et l'autre sur la préférence des acheteurs à partir d'un panel considéré comme représentatif du public visé.

Les différentes données relatives au MP3 Pure Musique dont vous disposez, avec notamment celles des deux études, sont les suivantes :

- *il y aura un coût de 8 € pour un câble USB 2.0, un petit manuel papier, un adaptateur courant, un plastique de protection et un carton d'emballage,*
- *il y a des choix à faire concernant certaines parties du MP3 :*

Composants alternatifs	**Coût unitaire prévisionnel**
Mémoire :	
8 Go	*9 €*
12 Go	*14 €*
Écran :	
Tactile de 3,5 pouces	*20 €*
Tactile de 4,2 pouces	*30 €*
Écouteurs :	
Écouteurs simples	*3 €*
Écouteurs évolués	*9 €*

- *il y aura d'autres coûts qui sont des coûts fixes (directs et indirects) de fabrication et d'assemblage pour un montant mensuel de 180 000 €;*
- *le lecteur MP3 Pure Musique serait vendu départ usine;*
- *il a été montré à des consommateurs plusieurs prototypes de lecteurs MP3 Pure Musique avec les composants alternatifs possibles. On leur a demandé de donner une note à chaque composant sur une échelle de préférence allant de 0 (pas important dans le choix du produit) à 10 (primordial dans le choix du produit) :*

Composants alternatifs	Évaluation sur l'échelle de préférence
Écran	8
Mémoire	7
Écouteurs	4

- *en raison de la faible notoriété de l'entreprise Baladeur par rapport aux grandes firmes du marché, le prix de vente TTC auprès des clients finaux ne pourra pas excéder 110,37 € (TVA à 19,6 %) ;*
- *les distributeurs attendent du MP3 Pure Musique un taux de marge sur achat de marchandises de 15 % afin de financer une quote-part des coûts fixes et d'avoir un bénéfice;*
- *il est attendu de la part de Baladeur un taux de marge de 10 %, à savoir un bénéfice représentant 10 % du chiffre d'affaires;*
- *le volume de production et de vente durant un mois devrait être de 10 000 MP3 Pure Musique.*

■ *Quel est le coût cible pour les composants alternatifs ?*

■ *Quel choix des composants alternatifs en déduisez-vous ?*

CORRIGÉ

1 – Coût cible pour les composants alternatifs

Prix de vente TTC prévisionnel distributeurs : 110,37 €

Prix de vente HT prévisionnel distributeurs : $\dfrac{110{,}37}{1 + 19{,}6\ \%} \approx 92{,}28$ €

Prix de vente HT prévisionnel Baladeur : 92,28 x (1 – 15 %) ≈ 78,44 €

Coût de revient unitaire cible : 78,44 x (1 – 10 %) ≈ 70,60 €

Coût cible pour les composants alternatifs : $70{,}60 - \frac{180\,000}{10\,000} - 8 = 44{,}60$ €

2 – Choix des composants

Il existe plusieurs choix possibles compte tenu d'un montant maximal à dépenser de 44,60 €. Afin de définir un ordre de préférence pour l'entreprise entre les composants alternatifs, il faut trouver un indicateur permettant de refléter à la fois les différences de coûts et les différences de préférence. On peut ainsi considérer l'indicateur composite suivant :

$$\frac{\text{Différence de coût pour deux composants de la même catégorie}}{\text{Échelle de préférence pour la catégorie}}$$

Plus l'indicateur composite d'une catégorie de composants est faible, plus il est pertinent de choisir en priorité le composant avec la meilleure qualité au sens large de cette catégorie.

On obtient :

Composants alternatifs	Indicateur composite
Écran	$\frac{30-20}{8} = 1{,}25$
Mémoire	$\frac{14-9}{7} \approx 0{,}71$
Écouteurs	$\frac{9-3}{4} \approx 1{,}5$

La priorité est donc de prendre une mémoire de 12 Go. Avec les 44,60 – 14 = 30,60 €, on ne peut se permettre de prendre l'écran tactile de 4,2 pouces car il ne reste pas assez pour des écouteurs. Il faut ainsi prendre une mémoire de 12 Go, un écran tactile de 3,5 pouces et des écouteurs évolués.

On remarquera qu'on n'a pas de critère précis entre faire des économies sur les écouteurs (prendre les écouteurs simples plutôt qu'évolués) et prendre les écouteurs apportant le plus de satisfaction pour les clients. On sait cependant que le MP3 Pure Musique est dans le haut de gamme donc on peut supposer qu'il ne faut pas lésiner sur les coûts autorisés.

EXERCICE 50 Coût cible, taux de marge et taux de marque

Une entreprise vend un produit A à un prix de vente HT de 20 € et avec un taux de marque de 20 %[1]. Elle décide d'appliquer dorénavant la méthode du coût cible pour ses nouveaux produits. Elle envisage de lancer un produit B aux conditions suivantes :

- *prix HT accepté par les clients potentiels et en cohérence avec les prix de la concurrence : 18 €;*
- *taux de marge attendu de 20 % du CA HT.*

- *Est-ce que le résultat pour un produit B devrait être supérieur à celui d'un produit A ?*
- *Pourquoi préfère-t-on le taux de marge au taux de marque dans la méthode du coût cible ?*
- *Dans quelles circonstances utilise-t-on naturellement le taux de marque ?*

CORRIGÉ

1 – Comparaison du résultat réel pour un produit A et du résultat attendu pour un produit B

Le taux de marque est défini par l'équation suivante :

$$\text{Taux de marque} = \frac{\text{CA} - \text{Coût de revient}}{\text{Coût de revient}} = \frac{\text{Résultat analytique}}{\text{Coût de revient}}$$

D'où :

$$\text{Prix} = (1 + \text{Taux de marque}) \times \text{Coût de revient unitaire}$$

1. Le taux de marque définit le bénéfice en fonction du coût et non en fonction du chiffre d'affaires comme avec le taux de marge.

et :

$$\text{Coût de revient unitaire} = \frac{\text{Prix}}{1 + \text{Taux de marque}}$$

On obtient donc un résultat unitaire réel pour le produit A égal à $20 - \frac{20}{1 + 20\ \%} \approx 3{,}33$ €

On obtient un résultat unitaire prévisionnel pour le produit B égal à 18 x 20 % = 3,6 €.

Le produit B devrait donner un meilleur résultat unitaire que celui actuel pour le produit A.

2 – Choix du taux de marge plutôt que du taux de marque dans la méthode du coût cible

Le taux de marge est défini par l'équation suivante :

$$\text{Taux de marge} = \frac{\text{CA} - \text{Coût de revient}}{\text{CA}} = \frac{\text{Résultat analytique}}{\text{CA}}$$

D'où :

$$\text{Coût de revient unitaire} = (1 - \text{Taux de marge}) \times \text{Prix}$$

et :

$$\text{Prix} = \frac{\text{Coût de revient unitaire}}{1 - \text{Taux de marge}}$$

Si on compare avec les équations de la question précédente relatives au taux de marque, on remarque que le taux de marge est plus pratique (et intuitif) pour déduire le coût de revient unitaire d'un prix tandis que le taux de marque est plus pratique (et intuitif) pour déduire un prix d'un coût de revient.

Le taux de marge s'impose donc à la place du taux de marque dans la méthode du coût cible.

3 – Situations d'utilisation du taux de marque

Pour poursuivre ce qui a été dit à la question précédente, le taux de marque va servir dans les situations où on fixe un prix à partir d'un coût de revient unitaire, à savoir quand l'entreprise a un pouvoir de marché lui permettant de fixer son prix (situation oligopolistique).

THÈME 21

Révision sur les coûts préétablis et le coût cible

Les QCM sont des questions à choix multiple. À chaque question posée, il vous est proposé différentes réponses parmi lesquelles il vous faut cocher aucune réponse, une réponse juste, plusieurs réponses justes, ou toutes les réponses. Ce sont donc des questions fermées auxquelles vous devez répondre rapidement avec un temps de réflexion limité.

EXERCICE 51 10 questions à choix multiple

1 – *Le budget flexible permet de calculer :*

❒ a. l'écart sur volume de production ou de vente

❒ b. l'écart sur budget flexible

❒ c. le total des écarts sur rendement ou temps et sur coût (unitaire) ou taux

❒ d. les coûts préétablis en fonction de scénarios de production ou de vente

2 – *L'écart total sur main-d'œuvre directe (MOD) pour une entité permet à lui seul :*

❒ a. de savoir s'il y a des coûts excessifs de MOD au niveau de l'entité

❒ b. de savoir si la performance de l'entité est bonne en termes de maîtrise des coûts de MOD

❒ c. de voir la variation totale de coût de MOD pour l'entité

❒ d. de se rendre compte de l'effet conjoint de l'écart lié au nombre d'heures utilisées et au coût de l'heure utilisée

3 – ***L'écart sur charges indirectes correspond à la somme des :***

❒ a. sous-écarts sur rendement, sur budget et sur activité

❒ b. sous-écarts sur volume de production (ou de vente), sur quantité (ou rendement) et sur coût (unitaire)

❒ c. sous-écarts sur volume de production (ou de vente), sur rendement, sur budget et sur activité

4 – ***L'écart total sur matière première comprend :***

❒ a. l'écart sur volume de production (ou de vente)

❒ b. l'écart sur rendement (ou quantité)

❒ c. l'écart sur coût (unitaire)

❒ d. l'écart sur budget flexible ou écart sur coût de matière première par produit fabriqué ou vendu

5 – ***En raison d'une production prévue de 2 000 produits, il était planifié pour le mois dernier une consommation de matière première de 200 kg à une valeur totale de 1 000 €. Finalement, la production a été de 3 000 produits et a induit une consommation de matière première de 270 kg pour un montant de 1 296 €. L'écart sur quantité est de :***

❒ a. 70 kg favorable

❒ b. 296 € défavorable

❒ c. 350 € défavorable

❒ d. 0,05 € favorable

❒ e. 0,01 kg par produit favorable

❒ f. 100 € défavorable

❒ g. 150 € favorable

6 – *En raison d'une production prévue de 2 000 produits, il était planifié pour le mois dernier un coût de MOD de 20 000 € pour 1 000 heures de MOD. Finalement, la production a été de 1 500 produits et a induit un coût de MOD de 16 500 € pour 750 heures. L'écart sur temps est de :*

❐ a. 1 500 € défavorable

❐ b. 2 € par heure défavorable

❐ c. 0 heure

❐ d. 33 500 € favorable

❐ e. 31 500 € favorable

7 – *En raison d'une production prévue de 2 000 produits, il était planifié pour le mois dernier un coût de MOD de 20 000 € pour 1 000 heures de MOD. Finalement, la production a été de 1 500 produits et a induit un coût de MOD de 16 500 € pour 750 heures. L'écart sur taux est de :*

❐ a. 1 500 € défavorable

❐ b. 2 € par heure défavorable

❐ c. 0 heure

❐ d. 3 500 € favorable

❐ e. 1500 € favorable

8 – *En raison d'une production prévue de 2 000 produits, il était planifié pour le mois dernier un montant variable de charges indirectes de 200 000 € et un montant fixe de charges indirectes de 300 000 €. L'unité d'œuvre est l'heure machine. Il était prévu pour le mois dernier une consommation de 1 000 heures machine. Finalement, la production a été de 3 000 produits, le montant variable de charges indirectes a été de 300 000 €, le montant fixe de charges indirectes a été de 500 000 € et le nombre d'heures machine a été de 2 000 heures machine. L'écart sur volume de production pour les charges indirectes est de :*

❐ a. 500 000 € défavorable

❐ b. 200 000 € défavorable

❐ c. 100 000 € défavorable

❐ d. 3300 000 € défavorable

9 – *En raison d'une production prévue de 2 000 produits, il était planifié pour le mois dernier un montant variable de charges indirectes de 200 000 € et un montant fixe de charges indirectes de 300 000 €. L'unité d'œuvre est l'heure machine. Il était prévu pour le mois dernier une consommation de 1 000 heures machine. Finalement, la production a été de 3 000 produits, le montant variable de charges indirectes a été de 300 000 €, le montant fixe de charges indirectes a été de 500 000 € et le nombre d'heures machine a été de 2 000 heures machine. L'écart sur rendement ou consommation d'unités d'œuvre est pour les charges indirectes variables :*

❐ a. 500 000 € favorable

❐ b. 200 000 € favorable

❐ c. 100 000 € favorable

❐ d. 300 000 € favorable

10 – *Le coût cible d'un produit est défini grâce :*

❐ a. aux coûts réels du produit

❐ b. à un prix de vente à respecter

❐ c. à un résultat analytique attendu

CORRIGÉ

1 – Bonnes réponses : ❐ a ❐ b ❐ c ❐ d

L'écart entre un montant de budget flexible et un montant budgété est relatif au volume de production ou de vente. L'écart entre le montant réel de matières premières et le montant de budget flexible des matières premières est égal à la somme des écarts sur rendement et sur coût (unitaire). L'écart entre le montant réel et le montant de budget flexible comprend tous les écarts à l'exclusion de l'écart sur volume de production ou de vente.

Le budget flexible ne sert pas seulement à calculer des écarts. Il sert aussi à faire des prévisions de coût et de résultat en simulant différents scénarios relatifs au volume de production ou de ventes.

2 – Bonne réponse : ❒ c

Il y a trois sous-écarts dans l'écart total sur MOD : écart sur volume de production, écart sur temps et écart sur taux. Seuls les deux derniers peuvent montrer des problèmes de performance ou de coût excessif. L'écart sur volume de production défavorable n'est pas défavorable en soi. Il montre qu'on a produit ou vendu plus que prévu, ce qui est normalement au niveau de l'ensemble de l'entreprise un bon résultat.

3 – Bonne réponse : ❒ c

L'écart total sur charges indirectes peut être décomposé en quatre sous-écarts alors que pour l'écart total sur chaque poste de charge directe on décompose, selon le Plan Comptable Général, trois sous-écarts.

4 – Bonnes réponses : ❒ a ❒ b ❒ c ❒ d

L'écart sur budget flexible est l'écart entre le montant réel et le montant de budget flexible. Il comprend deux sous-écarts : l'écart sur rendement (écart relatif à la quantité de matière première par produit) et l'écart sur coût (écart relatif au prix de la matière première). Il indique ainsi l'impact financier du changement du coût par produit fabriqué.

5 – Bonne réponse : ❒ g

La formule de l'équation de l'écart sur quantité ou écart sur rendement est :

(rendement réel – rendement standard) x Coût unitaire standard x Volume de production réel

ou (rendement réel – rendement standard) x Coût préétabli de la matière par produit adapté à la production réelle

soit : $\left(\frac{270}{3\,000} - \frac{200}{2\,000}\right) \times \frac{1\,000}{200} \times 3\,000 = (-\,0{,}01) \times 5$ €/kg x 3 000 produits

= – 150 € *Favorable*

(Le signe devant le chiffre n'a pas de sens en soi, ce qui compte c'est de spécifier si l'écart est favorable ou défavorable.)

6 – Aucune bonne réponse

L'écart sur temps est nul puisque le rendement standard et le rendement réel sont identiques :

$$\frac{1\,000}{2\,000} = \frac{750}{1\,500} = 0{,}5 \text{ } \textit{heure/produit}$$

7 – Bonne réponse : ❒ a

La formule de l'équation de l'écart sur taux est :

(Coût unitaire réel de la matière – Coût unitaire préétabli de la matière) x Quantité réelle de matière consommée

Soit :

$$\left(\frac{16\ 500}{750} - \frac{20\ 000}{1\ 000}\right) \times 1\ 500 = \left(\frac{16\ 500}{750} - \frac{20\ 000}{1\ 000}\right) \times 750 = (22 - 20) \times 750$$

$= 1\ 500$ € *Défavorable*

8 – Bonne réponse : ❒ c

Les charges fixes ne sont pas par définition fonction du volume de production donc seules les charges indirectes variables donnent lieu à un écart sur volume de production. Le coût de l'unité d'œuvre ne concerne ainsi que la partie variable d'où l'écart sur volume de production calculé de la manière suivante :

(Volume de production réel – Volume de production préétabli) x Coût d'unité d'œuvre variable préétabli par produit

$$(3\ 000 - 2\ 000) \times \frac{200\ 000}{1\ 000} \times \frac{1\ 000}{2\ 000} = 1\ 000 \text{ produits} \times 200 \text{ €/heure} \times 0{,}5 \text{ heure/produit}$$

= 1 000 produits x 100 €/produit = 100 000 € *Défavorable*

Présentation alternative :

Coûts indirects	Budget	Budget flexible	Écart
Variables	200 000 = 2 000 produits x 100 €/produit	300 000 = 3 000 produits x 100 €/produit	100 000 €
Fixes	300 000	300 000	0
Total	500 000	600 000	100 000 €

9 – Aucune bonne réponse

L'écart sur rendement est défavorable car on aurait dû consommer pour la production réelle :

Nombre d'unités d'œuvre préétabli par produit x Volume de production réel

= 0,5 h/produit x 3 000 produits = 1 500 heures machine

Or, on consomme 2 000 heures machine d'où un écart défavorable de 500 heures qu'on valorise au coût d'unité d'œuvre variable préétabli soit 200 €/heure, soit un écart de 100 000 € défavorable.

10 – Bonnes réponses : ❒ b ❒ c

Le coût cible est défini par déduction, une fois connu le prix que sont prêts à payer les clients potentiels et qui est cohérent avec le prix de la concurrence, et le résultat analytique par produit : Coût cible = Prix de vente à respecter – Résultat analytique attendu.

On parle aussi de marge au lieu du résultat analytique lorsque le coût cible ne concerne que certaines composantes du coût de revient d'un produit.

Une fois le coût cible défini, une nouvelle étape consiste à comparer le coût réel avec le coût cible pour savoir quels sont les efforts à effectuer ou les marges de manœuvre possibles pour améliorer le produit.

Achevé d'imprimer par
l'Imprimerie France Quercy, 46090 Mercuès
N° d'impression : 10872 - Dépôt légal : mai 2011

Imprimé en France